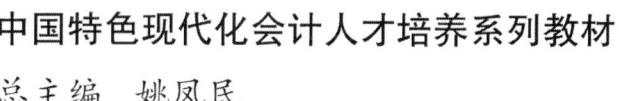

中国特色现代化会计人才培养系列教材

总主编 姚凤民

财智睿读

《财务管理》学习指导

主　编◎姚永红
副主编◎李小利　董国平　叶国安
　　　　李晶菁　黄浠蕲

中国财经出版传媒集团
经济科学出版社
Economic Science Press
·北京·

图书在版编目（CIP）数据

《财务管理》学习指导 / 姚永红主编；李小利等副主编． -- 北京：经济科学出版社，2025.1． -- （中国特色现代化会计人才培养系列教材）． -- ISBN 978-7-5218-6653-7

Ⅰ．F275

中国国家版本馆 CIP 数据核字第 20251L5N68 号

责任编辑：冯　蓉
责任校对：李　建
责任印制：范　艳

《财务管理》学习指导
〈CAI WU GUAN LI〉XUE XI ZHI DAO
主　编　姚永红
副主编　李小利　董国平　叶国安　李晶菁　黄浠蕲
经济科学出版社出版、发行　新华书店经销
社址：北京市海淀区阜成路甲 28 号　邮编：100142
总编部电话：010-88191217　发行部电话：010-88191522
网址：www.esp.com.cn
电子邮箱：esp@esp.com.cn
天猫网店：经济科学出版社旗舰店
网址：http://jjkxcbs.tmall.com
北京季蜂印刷有限公司印装
787×1092　16 开　7.75 印张　137000 字
2025 年 1 月第 1 版　2025 年 1 月第 1 次印刷
ISBN 978-7-5218-6653-7　定价：27.00 元
(图书出现印装问题，本社负责调换。电话：010-88191545)
(版权所有　侵权必究　打击盗版　举报热线：010-88191661
QQ：2242791300　营销中心电话：010-88191537
电子邮箱：dbts@esp.com.cn)

总 序

中国史前人类创造计量记录符号的现实目标，是中国会计产生的历史起点[①]。可见，会计与人类社会的发展共生共存共进，会计学是人类历史上较为古老的知识体系，其知识谱系与方法的演进体现了人类生产的进阶与文明的进步。因此，会计人才的培养在任何时期都承载着其特有的历史使命。当今随着AI、大数据、云计算、区块链的赋能，会计逐步转向共享会计、智慧会计、数字会计，社会需要越来越多适应新时代要求的会计人才，这对会计人才培养提出了新要求、新挑战、新使命。如何提高会计人才培养质量，满足社会需求，已成为新时代我国会计教育所面临的重要任务。

会计教育的本质并非是单一的知识点传授，更是一种思维能力、跨学科能力、综合应用能力的培养；会计不仅仅是专业培养，更是一种职业教育，是技术含量非常高的、专业化的职业。面对当下复杂市场交易的世界以及数智技术的发展，会计人才培养应以提高系统能力与创新能力为目标，培养学生综合的会计思维与能力、数据思维与能力等，从而帮助其具备决策与创造价值的能力。会计人才能力培养的核心是会计相关课程，而课程的载体是教材，教材成为了人才培养的纽带。因此，编写能够满足社会需求和适应数智时代要求的教材是新时代给我们提出的新命题。一直以来，大多数会计类教材内容完整全面但略为繁杂，对民办高校本科学生来说存在着一些瓶颈性的学习困境。如何使"曼妙而充满魅力"的会计科学知识通过教材让教师简而精地教，让学生轻松愉快地学，同时增进学生对主动深入学习会计知识的浓厚兴趣，逐步引导其具有系统能力与创新能力，这应是当下会计教育实践中所追求的。

基于此，广州华商学院会计学院始终关注会计自动化和智能化、信息化和数据化、共享化和标准化的变革趋势与技术发展方向，在不断优化课程设置的基础上，组织编写了《中国特色现代化会计人才培养系列教材》。该系列教材的编写本着以下原则与理念：

1. 教材呈现内容更新。在教材内容上与时俱进，反映制度最新的变化以及领域最新的内容，例如反映最新的会计准则及会计法、公司法，适应新的会计准则要求和实际业务需求；反映企业数据资源相

[①] 郭道扬：《中国会计通史》第一册，中国财政经济出版社2023年版，第3页。

关会计处理，适应数字经济发展的需要；反映税法的最新变化，提升学生到岗后的宏观环境适应能力等。教材内容多维度呈现了会计专业领域的"现代化"元素。

2. 教材突出秉纲执本。"秉纲而目自张，执本而末自从"，本次教材的编写本着少而精的原则，突出重点，纲举目张。通过压缩教材内容"厚度"或"容量"，为学生留有更多的自主学习时间；通过教材内容的精，围绕能力提升而教，促使学生的提升自主学习能力。另外，本系列教材内容融入了思政元素，培养学生的家国情怀、诚信职业道德与法治意识。

3. 教材内容深入浅出。本系列教材通过知识逻辑结构图、引导案例、延伸阅读等方式体现循序渐进，由浅入深，尽量做到通俗易懂与生动有趣。特别是通过引导案例解读抽象的内容，变得更易掌握内容的逻辑或勾稽关系，更容易正确理解和把握其内容实质。

4. 教材突出基本训练。强化知识的掌握与技能的提升是教材的基本目标，教材不仅是知识传授的载体与纽带，更应该强化基本训练。本系列教材配备了学习指导书或相当数量的习题，训练的题目具有多样性、启发性，有助于学生理解应用基本知识和掌握解决问题的方法，有助于培养学生思维能力与习惯。

5. 教材形式的数字化。本系列教材在传统教材内容的基础上，通过设置二维码资源，添加视频、图片等多媒体元素，学生可通过扫描二维码的方式，链接到相关的视频等资源，增强学习体验，提高学习效果。同时，通过在教材页面设置二维码集聚相关知识内容，学生可扫码进行自主扩充学习。本系列教材中，《财务共享服务》《智能会计信息系统－基于用友 YonBIP 和用友 U8V15.0》两种教材被开创性地打造为数字教材，实现了教材形式以及教与学的创新与突破。

西汉刘安《淮南子·说林训》中所言"授人以鱼不如授人以渔"。教材不仅传授给受教者既有知识，更重要的是传授给受教者方法与能力。本系列教材尽可能地介绍清楚问题和概念的来龙去脉，尽可能地解释清楚解决问题的思路和方法，以提高学生的创新意识与探索精神。

以上是华商学院会计学院编写本套系列教材的理念与原则，本套系列教材的编写也是会计学院各位教师经多年深耕教学教研的结晶或众缘成就。受制于各种因素的影响，编写者可能做得并不是非常到位，存在着些许不足与遗憾，但也为编写者进一步完善教材提供了动力。我们希望使用这套系列教材的师生和读者多提宝贵意见，不断完善本套教材。最后，相信我们的会计教育工作者，无愧于新时代的召唤，会为我国的会计教育做出更大的贡献。

是为总序。

广州华商学院会计学院

2024 年 12 月

前　言

在经济管理的知识体系中，财务管理课程是核心支柱，对企业运营起着关键的支撑作用，在高校经济管理类专业里地位显著。

本学习指导书共九章，其框架结构与内容与与配套教材《财务管理》（主编：姚永红）的保持一致。本书编写人员分工如下：姚永红编写第一章，饶磊编写第二章，李晶菁编写第三章，李小利编写第四章，董国平编写第五章，陈雪铃编写第六章，叶国安编写第七章，黄浠蕲编写第八章，李美玲编写第九章。每章的框架结构根据知识点划分模块，在知识点模块下设有单选题、多选题、判断题和计算题、案例题等，帮助学生巩固理论知识，是作为本书最具有特色的部分；练习题参考答案以二维码方式展示，除了提供正确答案外，还提供答案解析，不仅能帮助学生深入理解相关知识点，融会贯通，还有利于学生检查学习成果。

本书的编写承蒙学校领导和专家教授们的大力支持与帮助，在此深表感谢。尽管我们努力使教材符合专业特点、遵循学科体系，但因编者水平有限，书中可能存在不足或错漏，恳请广大读者批评指正，以便后续进一步完善。

编者
2024 年 12 月

目 录

第一章　总论 …………………………………………… 1

第二章　财务管理的方法基础 ………………………… 10

第三章　筹资管理 ……………………………………… 23

第四章　筹资决策 ……………………………………… 34

第五章　投资管理 ……………………………………… 53

第六章　营运资金管理 ………………………………… 66

第七章　利润分配管理 ………………………………… 77

第八章　预算管理 ……………………………………… 89

第九章　财务分析与评价 ……………………………… 98

附　录 …………………………………………………… 110

第一章
总 论

知识点1：企业组织形式

一、单选题

1. 下列各项中，属于公司制企业缺点的是（　　）。
   A. 存续稳定持久　　　　B. 承担有限责任
   C. 设立成本较高　　　　D. 股权流转灵活
2. 下列关于公司制企业优点的表述中，不正确的是（　　）。
   A. 股权流转灵活　　　　B. 风险有限可控
   C. 设立成本低　　　　　D. 融资渠道多元
3. 下列有关个人独资企业优点说法中，正确的是（　　）。
   A. 存在代理问题　　　　B. 不需要缴纳企业所得税
   C. 筹资比较容易　　　　D. 建立与解散程序复杂

二、多选题

1. 下列各项中，属于企业的组织形式主要有（　　）。
   A. 个人独资企业　　　　B. 合伙企业
   C. 公司制企业　　　　　D. 关联企业
2. 公司制企业的优点包括（　　）。
   A. 股权流转灵活　　　　B. 承担有限责任
   C. 存续稳定持久　　　　D. 双重税负
3. 下列各项中，属于个人独资企业优点的有（　　）。
   A. 设立与解散程序简单　B. 经营管理灵活自由
   C. 容易进行外部融资　　D. 不需要缴纳企业所得税

三、判断题

1. 不论是公司制企业还是合伙企业，股东或合伙人都面临双重

课税问题。（ ）

2. 个人独资企业存在双重课税问题。（ ）

3. 对于个人独资企业而言，即使企业的损失超过业主最初对企业的投资，业主只需承担有限责任。（ ）

4. 相对于企业其他组织形式而言，公司制企业的筹资能力最强。（ ）

5. 公司制企业的所有者以其出资额为限承担有限的责任。（ ）

判断题答案及解析

四、案例分析题

胡玮炜创业史

"中国是创业的热土。"在位于北京中关村768园区的摩拜单车办公区，胡玮炜坐在印有"mobike 摩拜单车"字样的背景墙前，多次提到这句话。灰色毛衣，黑色条绒裤，搭配酒红色的长袜和跑鞋，乌黑的长发自然地垂在两肩，让你觉得这就是一个普通的"80后"女孩儿，或许和你想象中创业者的形象十分不同。

在"双创"的大背景下，越来越多的年轻人开始创业。"从事汽车媒体10年，同时接触科技有四五年，个人的经历让我思考未来的出行会是什么样呢？"说起自己的创业经历，胡玮炜说："我也买过自行车骑着上下班，但是搬来搬去很不方便，个人出行能否实现交通工具的复兴？随时随地获取是我的需求。"

"它叫摩拜，英文名mobike，我把它放在街头，人人可用，随处可得，而且只要一块钱就可以骑走。"胡玮炜说，从2014年底有了这个想法到2015年初注册成立公司，两年时间里，她费了很多精力，找投资、自建工厂、自己组建研发团队，生产出一款智能共享单车。

资料来源：笔者根据安蓓、刘红霞：《今天你摩拜了吗？——专访摩拜单车创始人胡玮炜》，新华社2017年1月22相关报道内容整理得来。

案例分析题答案及解析

结合上述案例，回答问题：

1. 企业的组织形式主要有哪几种？
2. 结合上述案例，谈谈你的感想。

■ 知识点2：财务管理的内容

一、单选题

1. （ ）是企业生存、发展及获利的前提。

A. 筹资　　　B. 投资　　　C. 分配　　　D. 经营

2. 企业在（　　）活动中，会发生一系列流动资产和流动负债资金的收付。
   A. 筹资　　　　　　　　B. 投资
   C. 分配　　　　　　　　D. 日常经营

3. 企业同其（　　）之间的财务关系，体现为经营权与所有权的关系，反映所有权性质。
   A. 所有者　　　　　　　B. 债权人
   C. 债务人　　　　　　　D. 职工

4. 企业同其（　　）之间的财务关系体现的是债务与债权关系。
   A. 所有者　　　　　　　B. 债权人
   C. 管理者　　　　　　　D. 职工

单选题答案
及解析

二、多选题

1. 企业的财务活动，主要包括（　　）。
   A. 筹资活动　　　　　　B. 投资活动
   C. 经营活动　　　　　　D. 分配活动

2. 从资金属性来看，营运资金包括（　　）。
   A. 流动资产　　　　　　B. 流动负债
   C. 固定资产　　　　　　D. 无形资产

3. 企业与税务机关的关系反映的是（　　）关系。
   A. 依法纳税义务　　　　B. 内部资金结算
   C. 所有权性质　　　　　D. 依法征税权利

多选题答案
及解析

三、判断题

1. 在企业分配活动中，企业财务人员可以随意确定分配政策。（　　）

2. 企业与职工之间的财务关系，体现了职工和企业在劳动成果上的分配关系。（　　）

3. 企业同其被投资单位的关系体现的是债权债务的关系。（　　）

判断题答案
及解析

■ 知识点3：财务管理的目标

一、单选题

1. 如果把利润最大化作为财务管理的目标，下列说法中不正确的是（　　）。
   A. 未考虑获取利润与其所承担风险的大小

B. 没有反映创造的利润与投入资本之间的关系
C. 未考虑资金的时间价值
D. 不会导致企业的短期行为

2. 在下列各种财务管理目标理论中，未考虑资金的时间价值和创造的利润与投入资本之间的关系的财务管理目标是（　　）。
A. 利润最大化　　　　　　　B. 企业价值最大化
C. 股东财富最大化　　　　　D. 每股收益最大化

3. 下列有关利益冲突与协调的说法中，不正确的是（　　）。
A. 解聘是一种通过所有者约束经营者的办法
B. 接收是一种通过所有者约束经营者的办法
C. 债权人为了保障自己的利益，可以事先规定借债的用途限制，也可以收回借款或停止借款
D. 激励通常包括股票期权和绩效股票两种方式

4. 下列各项中，不能协调所有者与债权人之间利益冲突的方式是（　　）。
A. 债权人在债务契约中加入限制性条款
B. 债权人停止借款
C. 市场对公司强行接收或吞并
D. 债权人收回借款

5. 在协调所有者与经营者矛盾的方法中，通过市场来约束经营者的办法是（　　）。
A. 解聘　　　　　　　　　　B. 接收
C. 激励　　　　　　　　　　D. 奖金

单选题答案及解析

二、多选题

1. 下列各项中，属于企业财务管理目标的有（　　）。
A. 利润最大化　　　　　　　B. 股东财富最大化
C. 企业价值最大化　　　　　D. 每股收益最大化

2. 作为财务管理的目标，下列关于股东财富最大化和企业价值最大化的说法中，正确的有（　　）。
A. 都考虑了风险因素
B. 对于非上市公司都很难应用
C. 都可以避免企业的短期行为
D. 都考虑货币时间价值

3. 下列各财务管理目标中，能够克服短期行为的有（　　）。
A. 利润最大化　　　　　　　B. 股东财富最大化
C. 企业价值最大化　　　　　D. 每股收益最大化

4. 经营者和所有者的主要利益冲突，是经营者希望在创造财富

的同时，能够获取更多的报酬、更多的享受；而所有者希望以较小的代价实现更多的财富。协调这一利益冲突的方式有（　　）。

  A. 解聘经营者　　　　　　B. 给经营者以"股票期权"
  C. 被其他企业吞并接收　　D. 给经营者以"绩效股票"

 5. 一般情况下，债权人通常可采取（　　）措施来保障自身利益。

  A. 限制性条款　　　　　　B. 收回借款
  C. 停止借款　　　　　　　D. 规定借款用途

三、判断题

 1. 企业财务管理的目标就是为实现企业创造财富或价值这一目标服务的。（　　）

 2. 股东财富最大化强调得更多的是股东利益。（　　）

 3. 对非上市公司而言，将股东财富最大化作为财务管理目标的缺点之一是不容易被量化。（　　）

 4. 在协调所有者与经营者矛盾的方法中，"接收"是一种通过所有者来约束经营者的方法。（　　）

 5. 以利润最大化为财务管理目标，可能会导致企业短期行为。（　　）

 6. 所有者与经营者的矛盾表现为代理问题。（　　）

四、案例分析题

白象方便面为什么能火起来？

 2022年3月15日晚间，针对土坑酸菜等问题，白象食品官博表示："白象食品和插旗菜业从未有过合作，感谢大家的关心。25年坚守品质，白象始终如一。"而后随着网友的信息查询，发现白象方便面突然火了的原因：

 其一，白象方便面自1997年成立以来，一直坚守自己的品质，没有发生过食品安全问题。举个数据，根据食品安全信息显示，白象产品被抽检60多次，结果均合格。白象投资的公司以及分公司被抽检300次，结果仍然合格。

 其二，白象方便面有1/3的员工是残疾人。不少企业在招工的时候都会回避残疾人，这是事实，但白象不但不拒绝残疾人，而且还大量招残疾人。这不是一般企业能做到的。

 其三，白象拒绝外资入股，成为泡面四巨头中唯一没有外资注入的企业。由于白象方便面的拒绝，日本没能完全控制住中国的泡面市场。

据白象食品官网显示，白象食品多年来积极投身社会公益事业，目前已累计投入数千万元公益资金。而后白象的销量与店铺粉丝暴涨，直播间被挤爆，热门商品甚至被买到断货。

结合上述案例，回答以下问题：

1. 企业的财务管理目标有哪几种？

2. 结合财务管理目标的观点，谈谈白象方便面为什么能够火起来？

案例分析题答案及解析

■ 知识点4：财务管理的原则

一、单选题

1. （   ）是指通过对资金活动的组织与调节，确保各项物质资源具备最优化的结构比例关系。
   A. 成本效益原则　　　　　　　B. 资金合理配置原则
   C. 收益风险均衡原则　　　　　D. 利益关系协调原则

2. （   ）体现了财务管理要从"投入"与"产出"的对比分析来审视"投入（成本）"的必要性与合理性。
   A. 成本效益原则　　　　　　　B. 资金合理配置原则
   C. 收益风险均衡原则　　　　　D. 利益关系协调原则

3. 企业在实施财务管理活动过程中，应当协调好投资者、债权人、债务人、经营者等的经济利益关系，体现了（   ）。
   A. 成本效益原则　　　　　　　B. 资金合理配置原则
   C. 收益风险均衡原则　　　　　D. 利益关系协调原则

4. （   ）要求企业对每一项具体的财务活动全面分析其收益性与安全性，按照风险和收益适当均衡的要求制定财务方案。
   A. 成本效益原则　　　　　　　B. 资金合理配置原则
   C. 收益风险均衡原则　　　　　D. 利益关系协调原则

单选题答案及解析

二、多选题

1. 从财务管理具体实施的角度来讲，主要应遵循的原则有（   ）。
   A. 资金合理配置原则　　　　　B. 成本效益原则
   C. 收益风险均衡原则　　　　　D. 利益关系协调原则

2. 资金在占用形态上和空间上所体现出的（   ），是企业资金运动的一项重要规律。
   A. 并存性　　B. 继起性　　C. 分散性　　D. 集中性

3. 下列各项中，关于收益风险均衡原则的说法正确的有（   ）。
   A. 低风险对应低收益，高风险则往往可能带来高收益

多选题答案及解析

B. 在流动资金管理方面，持有较多现金可提高企业偿债能力，降低债务风险，但银行存款利息很低，基本无收益
C. 在企业对外投资活动中，投资债券的风险低于投资股票，但投资债券的收益往往低于投资股票的收益
D. 无论是投资者还是受资者，都要求收益与风险对等，即风险越大，要求的收益越高

三、判断题

1. 财务管理的原则是企业组织财务活动、处理财务关系的基本准则。（　　）
2. 无论是投资者还是受资者，都要求高收益。（　　）
3. 利益关系协调原则要求企业在实施财务管理活动过程中，应当协调好投资者、债权人、债务人、经营者等的经济利益关系。（　　）

判断题答案及解析

知识点5：财务管理的环境

一、单选题

1. 财务管理的经济环境不包括（　　）。
   A. 经济周期　　　　　B. 经济政策
   C. 金融工具　　　　　D. 通货膨胀
2. （　　）是指形成一方的金融资产并形成其他方的金融负债或权益工具的合同。
   A. 经济周期　　　　　B. 金融机构
   C. 金融工具　　　　　D. 金融市场
3. （　　）是指资金供应者和资金需求者双方通过信用工具进行交易而融通资金的市场，即实现货币借贷和资金融通、办理各种票据和进行有价证券交易活动的市场。
   A. 经济周期　　　　　B. 金融机构
   C. 金融工具　　　　　D. 金融市场
4. （　　）的主要功能是调节短期资金融通。
   A. 资本市场　　　　　B. 货币市场
   C. 外汇市场　　　　　D. 期货市场
5. （　　）的主要功能是实现长期资本融通。
   A. 资本市场　　　　　B. 货币市场
   C. 外汇市场　　　　　D. 期货市场
6. （　　）体现了资金在无风险、无通货膨胀情况下的真实收

单选题答案及解析

益水平。

  A. 纯利率   B. 通货膨胀补偿率

  C. 违约风险报酬率   D. 外汇利率

二、多选题

1. 影响财务管理的主要金融环境因素包括（   ）。
  A. 金融机构   B. 金融工具
  C. 金融市场   D. 利率

2. 经济周期循环一般包括（   ）。
  A. 复苏   B. 繁荣   C. 衰退   D. 萧条

3. 金融工具可以分为（   ）。
  A. 基本金融工具   B. 投资工具
  C. 衍生金融工具   D. 金融机构

4. 以期限为标准，金融市场可分为（   ）。
  A. 货币市场   B. 期货市场
  C. 资本市场   C. 外汇市场

5. 货币市场的主要特点有（   ）。
  A. 期限较短
  B. 交易目的旨在解决短期资金周转问题
  C. 具有较强的"货币性"
  D. 风险较高

6. 资本市场的主要特点有（   ）。
  A. 融资期限长
  B. 融资目的是满足长期投资性资本的需求
  C. 资本借贷量大
  D. 收益较高但风险也较大

7. 一般而言，资金的利率由（   ）构成。
  A. 纯利率   B. 通货膨胀补偿率
  C. 风险报酬率   D. 基准利率

多选题答案
及解析

三、判断题

1. 违约风险报酬是指为了弥补因偿还期长而带来的风险。
                （   ）

2. 在金融市场中，资金如同其他任何商品一般，其交易价格基本上是由供应与需求这两个关键因素所决定。（   ）

3. 期限风险报酬率是为了弥补因通货膨胀而导致的货币购买力下降所给予的补偿。   （   ）

判断题答案
及解析

4. 流动性风险报酬率反映了资产变现能力的差异所带来的风险

补偿。（　　）

5. 资本市场的主要功能是实现长期资本融通。（　　）

四、案例分析题

明星偷逃税事件

范某：2018年，范某因涉嫌偷逃税款问题，被国家税务总局依法查处。经查，范某采取虚构业务转换收入性质虚假收入申报等手段偷逃税款0.84亿元，少缴税款0.26亿元，依法作出对范某采取查封、扣押财产等税收保全措施的决定。

郑某：2021年，郑某被曝出涉嫌签订"阴阳合同"、拆分收入获取"天价片酬"、偷税、漏税、逃税等问题。上海市税务局第一稽查局已查明郑某2019～2020年未依法申报个人收入1.91亿元，偷税4 526.96万元，其他少缴税款2 652.07万元，并依法作出对郑某追缴税款、加收滞纳金并处罚款共计2.99亿元的处理处罚决定。

邓某：一度是无数青年的偶像，然而2022年被曝出偷税漏税丑闻，一夜之间掉落神坛。2022年，邓某被上海市税务局第四稽查局依法查处。经查，邓某在2019～2020年，通过虚构业务转换收入性质进行虚假申报，偷逃个人所得税4 765.82万元，其他少缴个人所得税1 399.32万元。上海市税务局第四稽查局依据相关法律法规规定，按照上海市税务行政处罚裁量基准，依法对邓某追缴税款、加收滞纳金并处罚款，共计1.06亿元。

……

明星偷逃税是一个近年来备受关注的社会问题。一些知名明星通过复杂的财务操作，试图偷逃应缴纳的税款，这种行为不仅违反了国家税收法规，也损害了社会公平和正义。

明星作为公众人物，其言行举止对社会有着广泛的影响。他们偷逃税的行为，不仅损害了国家财政利益，也对社会风气产生了不利影响。

阅读上述案例，回答以下问题：
1. 案例中涉及的理财环境有哪些？
2. 结合案例，谈谈你的感想。

案例分析题答案及解析

第二章 财务管理的方法基础

知识点1：货币时间价值

一、单选题

1. 货币的时间价值来源于货币进入社会再生产过程后的（　　）。
   A. 时间增值 B. 价值增值
   C. 利息增值 D. 本金增值

2. 通常情况下，货币时间价值是指没有风险也没有通货膨胀情况下的（　　）。
   A. 市场平均报酬率 B. 无风险利率
   C. 风险利率 D. 社会平均利润率

单选题答案及解析

二、多选题

1. 对于货币时间价值，下列表述正确的有（　　）。
   A. 一般情况下应按复利方式来计算
   B. 可以直接用短期国债利率来表示
   C. 是指一定量资金在不同时点上的价值量差额
   D. 相当于没有风险和没有通货膨胀条件下的社会平均资金利润率

多选题答案及解析

三、判断题

1. 货币时间价值，是指一定量货币资本在相同时点上的价值量差额。（　　）
2. 货币的时间价值表明，今天的一元钱比未来的一元钱更有价值。（　　）
3. 如果两笔相同金额的资金在不同时间收到，它们具有相同的货币价值。（　　）

判断题答案及解析

知识点 2：复利的终值和现值计算

一、单选题

1. 在利率和期数相同的条件下，下列公式中，正确的是（   ）。
   A. 复利终值系数 × 复利现值系数 = 1
   B. 普通年金现值系数 × 偿债基金系数 = 1
   C. 普通年金终值系数 × 资本回收系数 = 1
   D. 普通年金终值系数 × 预付年金现值系数 = 1

2. 某人为了 5 年后能从银行取出 10 000 元，在复利年利率 4% 的情况下，当前应该存入（   ）元。
   A. 8 333.33   B. 6 219.27
   C. 7 219.27   D. 8 218.95

3. 复利现值是指（   ）的特定资金按复利计算的现在价值。
   A. 现在   B. 未来一段时间
   C. 未来一定时间 D. 过去

4. 某人第一年初存入银行 400 元，第二年初存入银行 500 元，第三年初存入银行 400 元，银行存款利率是 5%，则在第三年年末，该人可以从银行取出（   ）元。
   A. 1 434.25   B. 1 248.64
   C. 1 324.04   D. 1 655.05

单选题答案
及解析

二、多选题

1. 下列关于复利现值的说法中，正确的有（   ）。
   A. 复利现值指未来一定时间的特定资金按复利计算的现在价值
   B. 复利现值系数 = $1/(1+i)^n$
   C. 复利现值系数和复利终值系数互为倒数关系
   D. 复利现值又叫作本利和

2. 下列关于复利终值的说法中，正确的有（   ）。
   A. 复利终值是指现在特定的资金按复利计算的将来一定时间的价值
   B. 复利终值是针对一次性收付款项的价值计算
   C. 复利终值系数 = $(1+i)^{-n}$
   D. 复利终值又叫作本利和

3. 下列关于复利现值系数的说法正确的有（   ）
   A. 复利现值系数 = $1/(1+i)^n$
   B. 复利现值系数用符号（P/F, i, n）表示

多选题答案
及解析

C. 复利现值系数和复利终值系数互为倒数

D. 本金在将来一定时间按复利计算的本利和

三、判断题

判断题答案
及解析

1. 复利终值系数和复利现值系数互为倒数。（ ）
2. 财务估值中一般按照复利方式计算货币的时间价值。（ ）
3. 复利终值系数用符号（P/F，i，n）表示。（ ）
4. 复利现值和年偿债基金互为逆运算。（ ）
5. 不等额系列收付款项也可以称为年金。（ ）
6. 不等额系列收付款期间不能有间隔。（ ）

四、计算题

1. 张先生获资金 20 000 元，准备存入银行。在银行利率为 5% 的情况下（复利计息），计算其 3 年后可以从银行取得多少元。

2. 假如将 50 万元存银行，年利率为 4%，存放 2 年整，按复利计算，2 年后能拿多少钱？

计算题答案
及解析

3. 某公司董事会经研究决定，6 年后用 150 000 元购买一套设备，当前银行存款年利率为 9%，每年复利一次，计算公司在 6 年后购买设备现在需要一次性存入银行的款项金额。

4. 某公司经研究决定向银行存入现金 80 000 元，拟在 8 年后用于更新设备，银行存款年利率为 8%，每年复利一次。计算公司 8 年后能取出多少钱来用于更新设备。

■ 知识点 3：年金的终值和现值计算

一、单选题

1. （　　）是指每期期末等额的系列收（付）款。
   A. 普通年金　　　　　　　　B. 预付年金
   C. 递延年金　　　　　　　　D. 永续年金

2. （　　）是指在最初的若干期没有收（付）款项的情况下，后面若干期每期期末有等额的系列收（付）款项。
   A. 普通年金　　　　　　　　B. 预付年金
   C. 递延年金　　　　　　　　D. 永续年金

3. （　　）是一种无期限发生的等额收（付）特种年金。
   A. 普通年金　　　　　　　　B. 预付年金
   C. 递延年金　　　　　　　　D. 永续年金

4. 利率为 10%，期数为 5 的即付年金现值系数的表达式是（　　）。

A. (P/A, 10%, 4) + 1　　　　B. (P/A, 10%, 6) - 1
C. (P/A, 10%, 6) + 1　　　　D. (P/A, 10%, 4) - 1

5. 现有一项永续年金需要每年投入 3 000 元，若其现值为 100 000 元，则其利率应为（　　）。

A. 2%　　　　　　　　B. 33.33%
C. 2.5%　　　　　　　D. 3%

6. 根据资金时间价值理论，在普通年金终值系数的基础上乘以 (1 + i) 的计算结果，应当等于（　　）。

A. 递延年金终值系数　　　　B. 后付年金终值系数
C. 预付年金终值系数　　　　D. 永续年金终值系数

7. 下列各项中，与普通年金终值系数互为倒数的是（　　）。

A. 预付年金现值系数　　　　B. 普通年金现值系数
C. 偿债基金系数　　　　　　D. 资本回收系数

单选题答案
及解析

二、多选题

1. 按照收（付）时点和方式的不同，可以将年金分为（　　）等形式，因此计算终值和现值时要区别对待。

A. 普通年金　　　　　　　B. 预付年金
C. 递延年金　　　　　　　D. 永续年金

2. 某公司向银行借入一笔款项，年利率为 10%，分 6 次还清，从第 5 年至第 10 年每年年初偿还本息 5 000 元。下列计算该笔借款现值的算式中，正确的有（　　）。

A. 5 000 × (P/A, 10%, 6) × (P/F, 10%, 3)
B. 5 000 × [(P/A, 10%, 5) + 1] × (P/F, 10%, 4)
C. 5 000 × [(P/A, 10%, 9) - (P/A, 10%, 3)]
D. 5 000 × [(F/A, 10%, 7) - 1] × (P/F, 10%, 10)

3. 计算递延年金的现值时，下列表达式中（n 表示连续收支期数，m 表示递延期）正确的有（　　）。

A. P = A × (P/A, i, n) × (P/F, i, m)
B. P = A × [(P/A, i, m+n) - (P/A, i, m)]
C. P = A × (F/A, i, n) × (P/F, i, m+n)
D. P = A × (P/A, i, m+n) × (P/F, i, n)

4. 某公司从第三年起连续三年每年年末从银行支出一笔固定金额的款项，若按复利计算第 1 年年初应存入银行的金额，则有可能选用的时间价值系数有（　　）。

A. 复利终值系数　　　　　B. 复利现值系数
C. 普通年金终值系数　　　D. 普通年金现值系数

5. 某公司向银行借入 12 000 元，借款期为 3 年，每年年末还本

多选题答案
及解析

付息 4 600 元，则借款利率为（　　）。

　　A. 大于 8%　　　　　　B. 小于 8%
　　C. 大于 7%　　　　　　D. 小于 6%

三、判断题

判断题答案
及解析

1. 由于永续年金没有终结点，因此其没有终值的计算，而只有现值计算。（　　）
2. 普通年金终值是一定时期内每期期末等额定期系列收付款项的复利终值之和。（　　）
3. 递延年金有终值，终值的大小与递延期是有关的，在其他条件相同的情况下，递延期越长，则递延年金的终值越大。（　　）
4. 复利现值和年资本回收额互为逆运算。（　　）

四、计算题

1. 某公司拟购置一处房产，付款条件是：从第 6 年开始，每年年末支付 10 万元，连续支付 10 次，共 100 万元，假设该公司的资金成本率为 10%，计算该项付款资金相当于公司现在一次付款的金额。

2. 某人从 2015 年年初开始，每年年初存入银行 2 万元，存款年利率为 4%，按年复利计息，共计存款 5 次，计算在 2019 年年末可以取出多少钱。

3. 王先生计划成立一项基金，该基金每年将向品学兼优的学生发放奖金 2 000 元。假设银行利率为 4%，那么王先生现在应一次性存入银行多少钱才能成立基金？

计算题答案
及解析

4. 某人向银行借入一笔款项，年利率为 10%，分 8 次还清，第一年至第八年每年年初偿还本息 4 000 元，计算这笔款项的现值。

5. 有一项年金，前 3 年无流入，后 5 年每年年初流入 1 000 万元，假设年利率为 10%，求该年金在第 7 年年末的终值。

6. 企业有一笔 5 年后到期的贷款，到期需要偿还的本利和是 40 000 元，假设存款年利率为 3%，为了到期偿债，计划每年年初存入固定的数额，共计存款 5 次，试计算每次应该存入多少钱。

五、案例分析题

铜钹集团货币时间价值的计算

铜钹集团是一家专门从事机械产品研发与生产的企业集团。2023 年 3 月，该集团拟扩展业务，欲投资 6 000 万元研制生产某种型号的机床。企业有以下两套方案。

第一套方案，设立甲、乙、丙三个独立核算的子公司，彼此间存在购销关系。甲生产的产品可作为乙的原材料，而乙生产的产品全部提供给丙。经调查预算，甲提供的原材料市场价格每单位 10 000 元（此处，一单位是指生产一件最终产成品所需的原材料数额），乙以每件 15 000 元提供给丙，丙以 20 000 元价格向市场出售。预计甲为乙生产的每单位原材料会涉及 850 元进项税额，并预计年销售量为 1 000 台（以上价格均不含税），增值税税率为 17%。第二套方案，设立一综合性公司，设甲、乙、丙三个部门。

思考：结合货币时间价值分析，铜钹集团应该选择哪个方案？

案例分析题
答案及解析

知识点 4：实际利率和名义利率

一、单选题

1. 某债券的票面利率为 12%，期限为 10 年，下列计息方式中对于债务人最有利的是（   ）。
   A. 每年计息一次
   B. 每半年计息一次，复利计息
   C. 每个季度计息一次，复利计息
   D. 每个月计息一次，复利计息

2. 有一项 1 000 万元的借款，借款期为 2 年，年利率为 10%，若每半年复利一次，则年实际利率为（   ）。
   A. 5%   B. 20%
   C. 10.25%   D. 9.75%

3. 下列关于名义利率与有实际利率的说法中，正确的是（   ）。
   A. 名义利率是不包含通货膨胀的金融机构报价利率
   B. 计息期小于一年时，实际利率大于名义利率
   C. 名义利率不变时，实际利率随着每年复利次数的增加而呈线性递减
   D. 名义利率不变时，实际利率随着期间利率的递减而呈线性递增

单选题答案
及解析

二、多选题

1. 下列说法不正确的有（   ）。
   A. 当计息周期为一年时，名义利率与实际利率相等
   B. 当计息周期短于一年时，实际利率小于名义利率
   C. 当计息周期长于一年时，实际利率大于名义利率
   D. 当计息周期为一年时，名义利率比实际利率小

2. 某债券的面值为 1 000 元，每半年发放 50 元的利息，那么下

列说法正确的有（　　）。

A. 半年的利率为5%
B. 年票面利率为10%
C. 年实际利率为10%
D. 年实际利率为10.25%

多选题答案
及解析

三、判断题

1. 假设银行存款年利率为10%，每季度复息一次，银行存款的实际利率为8%，则名义利率为10%。（　　）

2. 实际收益率表示已经实现或者确定可以实现的资产收益率，当存在通货膨胀时，还应当加上通货膨胀率的影响，才是真实的收益率。（　　）

3. 当计息周期为一年时，名义利率与实际利率相等。（　　）

判断题答案
及解析

知识点5：单项资产风险与报酬

一、单选题

1. 下列关于风险与报酬的说法中，理解错误的是（　　）。
   A. 高风险要求高报酬
   B. 低风险可以获得高报酬
   C. 风险报酬额是一个绝对数
   D. 风险报酬率是一个相对数

2. 期望值不同的情况下，可以用来衡量风险大小的指标是（　　）。
   A. 收益率的方差　　　　B. 收益率的标准差
   C. 收益率的标准离差率　D. 均方差

3. 某一件事情可能出现不同的情况，各种情况对应各自的概率，各种概率之和（　　）。
   A. 大于1　　　　　　　B. 等于1
   C. 小于1　　　　　　　D. 不能确定

4. 某企业拟进行一项存在一定风险的投资，有甲、乙两个方案可供选择：已知甲方案收益的期望值为1 000万元，标准差为300万元；乙方案收益的期望值为1 200万元，标准差为330万元。下列结论中正确的是（　　）。
   A. 甲方案优于乙方案
   B. 甲方案的风险大于乙方案
   C. 甲方案的风险小于乙方案

单选题答案
及解析

D. 无法评价甲、乙方案风险的大小

二、多选题

1. 关于风险，下列说法中正确的有（　　）。
    A. 风险是指收益的不确定性
    B. 风险就是损失
    C. 资产的风险是资产收益率的不确定性
    D. 从财务管理的角度看，风险就是企业在各项生产经营活动过程中，由于各种难以预料或无法控制的因素作用，使企业的实际收益与预计收益发生背离，从而蒙受经济损失的可能性

2. 离散程度是用以衡量风险大小的统计指标，反映随机变量离散程度的指标包括（　　）。
    A. 期望值　　　　　　　　B. 方差
    C. 标准离差　　　　　　　D. 标准离差率

3. 现有两个投资项目甲和乙，已知甲、乙方案的期望值分别为20%、25%，标准离差分别为40%、64%，下列结论不正确的有（　　）。
    A. 甲方案的风险程度大于乙方案的风险程度
    B. 甲方案的风险程度小于乙方案的风险程度
    C. 乙方案优于甲方案
    D. 甲方案优于乙方案

多选题答案及解析

三、判断题

1. 风险越大，收益越大，所以关于风险，人们考虑更多的是收益发生的多少。（　　）

2. 风险是指收益的不确定性，在实务中，人们更多地认为风险是指损失发生的可能性。（　　）

3. 标准差率可用于收益率期望值不同的情况下的风险比较，标准差率越大，表明风险越大。（　　）

判断题答案及解析

四、计算题

1. 某公司目前面临一个投资机会，该项目所在行业竞争激烈，如果经济发展迅速并且该项目搞得好，取得较大市场占有率，利润会很大，否则利润很小甚至亏本。假设未来的经济情况只有3种：繁荣、正常、衰退，出现的概率分别为0.2、0.5、0.3，预计收益率分别为100%、20%、-70%，求该项目的期望值、方差、标准离差和标准离差率。

2. 某企业拟进行一项存在一定风险的完整工业项目投资，有甲、乙两个方案可供选择。已知甲方案收益的期望值为1 000万元，标准差为300；乙方案收益的期望值为1 200万元，标准差为330。计算：两个方案哪个风险更大？

3. 甲持有一种股票，买入价格10元，预计未来的价格有两种可能，分别为11%和12%，概率分别为70%和30%，计算：该股票的预期收益率。

4. 已知A、B两只股票的投资收益率及其概率分布情况如表2-1所示：

表2-1　　　　A股票和B股票投资收益率以及概率分布

市场情况	该种情况出现的概率		投资收益率	
	股票A	股票B	股票A	股票B
好	0.20	0.30	15%	20%
一般	0.60	0.40	10%	15%
差	0.20	0.30	0	-10%

要求：

（1）计算A、B两只股票期望收益率和标准差；

（2）计算A、B两只股票的标准离差率，并判断哪只股票的相对风险更大。

计算题答案及解析

知识点6：证券资产组合的风险与报酬

一、单选题

1. 如果A、B两只股票的收益率变化方向和变化幅度完全相同，则由其组成的投资组合（　　）。

　　A. 不能降低任何风险

　　B. 可以分散部分风险

　　C. 可以最大限度地抵消风险

　　D. 风险等于两只股票风险之和

2. 关于证券投资组合理论，以下各项表述中，正确的是（　　）。

　　A. 系统风险对所有资产或所有企业有相同的影响

　　B. 证券投资组合的总规模越大，承担的风险越大

　　C. 证券资产组合的系统风险是用相关系数衡量的

　　D. 一般情况下，随着更多的证券加入到投资组合中，整体风险降低的速度会越来越慢

3. 如果某单项资产的系统风险大于整个市场投资组合的风险，则可以判定该项资产的 β 值（　　）。
   A. 等于 1　　　　　　　　B. 小于 1
   C. 大于 1　　　　　　　　D. 等于 0

4. 关于股票或股票组合的 β 系数，下列说法中不正确的是（　　）。
   A. 如果某股票的 β 系数为 0.5，表明它的风险是市场组合风险的 0.5 倍
   B. β 系数可能为负值
   C. 投资组合的 β 系数是组合中各证券 β 系数的加权平均数
   D. 某一股票的 β 值的大小反映了这种股票收益率的变动与整个股票市场收益率变动之间的关系

单选题答案及解析

二、多选题

1. 关于证券投资组合理论，下列各项表述中，不正确的有（　　）。
   A. 一般情况下，随着更多的证券加入到投资组合中，整体风险降低的速度会越来越慢
   B. 证券资产组合中单项资产之间的相关系数越大，组合分散风险的作用越小
   C. 证券投资组合的总规模越大，承担的风险越大
   D. 系统风险对所有资产或所有企业有相同的影响

2. 下列关于 β 值和标准差的表述中，正确的有（　　）。
   A. β 值测度系统风险，而标准差测度非系统风险
   B. β 值测度系统风险，而标准差测度整体风险
   C. β 值测度财务风险，而标准差测度经营风险
   D. β 值只反映市场风险，而标准差还反映特有风险

3. 下列关于系统风险的说法中，正确的有（　　）。
   A. 系统性风险又称为不可分散风险或市场风险
   B. 是某些因素给市场所有的证券带来经济损失的可能性
   C. 不能通过证券组合分散掉
   D. 经济萧条和通货膨胀属于系统性风险

多选题答案及解析

三、判断题

1. 一般来讲，随着证券资产组合中资产个数的增加，证券资产组合的风险会逐渐降低。（　　）

2. 在证券资产组合中资产数目较少时，增加资产的个数，分散风险的效应会比较明显，但资产数目增加到一定程度时，风险分散的效应就会逐渐减弱。（　　）

3. 根据证券投资组合理论，在其他条件不变的情况下，如果两

判断题答案及解析

项资产的收益率具有完全正相关关系，则该证券投资组合不能够分散风险。（　　）

4. 投资组合的β系数是组合中各证券β系数的算术平均数。（　　）

5. 投资组合的β系数一定会比组合中任一单个证券的β系数低。（　　）

四、案例分析题

农妇与鸡蛋

几十只鸡被农妇养在家里，由于喂养得当，每只鸡都能下很多的蛋，很快她就积攒了许多鸡蛋。听说邻村的集市上鸡蛋的价格很高，她就想到市场上，把自己家的鸡蛋出售出去。

农妇想，这些鸡蛋用什么来装呢？她找到一个很大的篮子，心想这下好了，一次就可以全装进去。于是，篮子里面放进了她所有的鸡蛋。正要出去时，她丈夫看见了，建议她，不要用这样的大篮子装这么多鸡蛋，用小篮子重复几次。农妇不认为这样做正确，她想，这篮鸡蛋才有多重，去年秋天，自己还背过比这更沉的东西呢。她丝毫也不理会丈夫的建议，出发前提上了篮子。

可是，农妇不知道这个篮子很久没被用过了，许多处的藤条已经快断掉了，哪里承受得了这么多鸡蛋的重压。经她这么猛地一提，篮子的底部一下子就豁开了，地上全都是摔碎了的鸡蛋。减少运输成本的办法之一是把鸡蛋放在一个篮子里，但是潜在的风险也加大了，一旦篮子承受不了所有鸡蛋的重量，损失就是巨大的。

理财时要注意："不要将鸡蛋放在一个篮子里，也不要在太多的篮子里放你的鸡蛋。"

结合上述案例，回答问题：

（1）为什么不能将所有鸡蛋放同一个篮子里？

（2）案例给我什么启示？

案例分析题
答案及解析

知识点7：资本资产定价模型

一、单选题

1. CAPM中的无风险利率通常用（　　）来表示。
   A. 股票市场的预期回报率
   B. 长期政府债券的回报率
   C. 短期商业贷款的利率
   D. 银行储蓄账户的利率

2. A公司是国内一家极具影响力的汽车公司，已知该公司的β系数为1.33，短期国库券利率为4%，市场上所有股票的平均收益率为8%，则公司股票的必要收益率为（　　）。

  A. 9.32%　　　　　　　B. 14.64%
  C. 15.73%　　　　　　D. 8.28%

单选题答案及解析

二、多选题

1. 下列关于市场组合的表述中，正确的有（　　）。
  A. 市场组合是指由市场上所有资产组成的组合
  B. 市场组合的收益率就是市场平均收益率，实务中通常用股票价格指数的收益率来代替
  C. 市场组合的方差则代表了市场整体的风险
  D. 市场组合的风险就是市场风险或系统风险

2. 下列关于资本资产定价模型的说法中，正确的有（　　）。
  A. 如果市场风险溢酬提高，则所有资产的风险收益率都会提高，并且提高的数值相同
  B. 如果无风险收益率提高，则所有资产的必要收益率都会提高，并且提高的数值相同
  C. 对风险的平均容忍程度越低，市场风险溢酬越大
  D. 如果某资产的β=1，则该资产的必要收益率=市场平均收益率

多选题答案及解析

三、判断题

1. 市场风险溢价反映市场作为整体对风险的厌恶程度。
  （　　）

2. 根据资本资产定价模型，A证券的系统性风险是B证券的两倍，则A证券的必要收益率是B证券的两倍。（　　）

3. 依据资本资产定价模型，资产的必要收益率不包括对公司特有风险的补偿。（　　）

判断题答案及解析

四、计算题

1. 甲公司现有一笔闲置资金，拟投资于某证券组合，该组合由X、Y、Z三种股票构成，资金权重分别为40%、30%、30%，β系数分别为2.5、1.5和1.0。其中X股票投资收益率的概率分布如表2-2所示：

表 2-2　　　　　　　　甲公司投资证券组合情况

状况	概率	投资收益
行情较好	30%	20%
行情一般	50%	12%
行情较差	20%	5%

计算题答案及解析

Y、Z 股票的预期收益率分别为 10% 和 8%，当前无风险收益率为 4%，市场组合的必要收益率为 9%。

要求：

（1）计算 X 股票的预期收益率。

（2）计算该证券组合的预期收益率。

（3）计算该证券组合的 β 系数。

（4）利用资本资产定价模型计算该证券组合的必要收益率，并据以判断该证券组合是否值得投资。

第三章 筹资管理

知识点1：企业筹资概述

一、单选题

1. 下列各项中，对于企业筹资的描述，错误的是（　　）。
   A. 筹资是企业经营活动的基础与先决条件
   B. 筹资是资金循环流程的起始点
   C. 筹资对于确定企业生产经营规模及其发展进程具有至关重要的作用
   D. 筹资是指企业为获取未来长期收益而向一定对象投放资金的经济行为

2. 企业外部筹资的方式很多，但不包含（　　）方式。
   A. 吸收直接投资　　　　　B. 利用留存收益
   C. 发行股票筹资　　　　　D. 银行借款筹资

3. 筹资按照资金的取得方式不同，企业筹资可以分为（　　）。
   A. 股权性筹资和债务性筹资
   B. 直接筹资和间接筹资
   C. 内源筹资和外源筹资
   D. 短期资金筹资和长期资金筹资

4. 资金习性预测法中的不变资金不包括（　　）。
   A. 固定资产占用资金
   B. 无形资产占用资金
   C. 应收账款占用资金
   D. 存货保险储备占用资金

单选题答案及解析

二、多选题

1. 企业为有效地筹集企业所需资金，企业必须遵循的基本原则有（　　）。
  A. 合理确定资金需求量，科学安排筹资时间
  B. 合理组合筹资渠道和方式，降低资金成本
  C. 优化资本结构，强化筹资风险管理
  D. 制定筹资方案，严格履行筹资合同义务
 2. 吸收直接投资可来自（　　）。
  A. 国家　　　　　　　　　B. 法人
  C. 个人　　　　　　　　　D. 外商
 3. 下列属于间接筹资的有（　　）。
  A. 利用留存收益　　　　　B. 银行借款
  C. 融资租赁　　　　　　　D. 发行股票
 4. 下列各项属于资金需要量预测方法的有（　　）。
  A. 定性预测法　　　　　　B. 连环替代法
  C. 销售百分比法　　　　　D. 资金习性预测法
 5. 按照资金与产销量之间的依存关系，可以把资金区分为（　　）。
  A. 不变资金　　　　　　　B. 变动资金
  C. 半固定资金　　　　　　D. 半变动资金

多选题答案
及解析

三、判断题

 1. 按照资金同产销量之间的依存关系划分，直接材料是属于变动资金。（　　）
 2. 处于成长期的企业，当面临资金短缺时，大多都选择内部筹资以减少筹资费用。（　　）
 3. 按照所筹资金使用期限的长短，可以将筹资分为股权性筹资和债务性筹资。（　　）
 4. 内源筹资一般无须花费筹资费用。（　　）

判断题答案
及解析

四、计算题

 1. 若企业2024年的经营性资产为500万元，经营性负债为200万元，销售收入为1 000万元，经营性资产、经营性负债占销售收入的百分比不变，销售净利率为10%，股利支付率为40%，预计2025年销售收入增加50%，则需要从外部筹集的资金是多少万元？
 2. 已知：某公司2024年销售收入为20 000万元，销售净利润率为12%，净利润的60%分配给投资者。2024年12月31日的资产负债表情况如表3-1所示：

表 3-1 资产负债表（简表）
2024 年 12 月 31 日 单位：万元

资产	期末余额	负债及所有者权益	期末余额
货币资金	1 000	应付账款	1 000
应收账款	3 000	应付票据	2 000
存货	6 000	长期借款	9 000
固定资产	7 000	实收资本	4 000
无形资产	1 000	留存收益	2 000
资产总计	18 000	负债与所有者权益合计	18 000

该公司 2025 年计划销售收入比上年增长 30%，为实现这一目标，公司需新增设备一台，价值 148 万元。据历年财务数据分析，公司流动资产与流动负债随销售额同比率增减。假定该公司 2025 年的销售净利率和利润分配政策与 2024 年保持一致，货币资金均为经营性资产。

计算题答案
及解析

要求：
（1）计算 2025 年公司由于销售增长而需要的资金需求增长额；
（2）预测 2025 年需要对外筹集资金量。

知识点 2：吸收直接投资

一、单选题

1. 企业在采用吸收直接投资方式筹集资金时，不能被投资者用于出资的是（ ）。
   A. 劳务 B. 土地使用权
   C. 实物资产 D. 无形资产

2. 下列关于吸收直接投资特点的选项中，错误的是（ ）。
   A. 能够尽快形成生产能力
   B. 容易进行信息沟通
   C. 有利于产权交易
   D. 筹资费用较低

单选题答案
及解析

二、多选题

1. 企业在采用吸收直接投资方式筹集资金时，投资者的出资方式包括（ ）。
   A. 以货币资产出资 B. 以实物资产出资

C. 以工业产权出资　　　　　D. 以土地使用权出资
2. 以工业产权出资，可以采用的无形资产有（　　）。
　　A. 专有技术　　　　　　　B. 专利权
　　C. 商标权　　　　　　　　D. 土地使用权

三、判断题

1. 在吸收直接投资的出资方式中，以实物资产出资是吸收直接投资中最重要的出资方式。（　　）
2. 企业吸收直接投资会使得控制权分散，不利于企业治理。（　　）

多选题答案
及解析

判断题答案
及解析

知识点3：发行股票

一、单选题

1. 某上市公司决定以发行普通股股票进行筹资，下列属于该筹资方式特点的是（　　）。
　　A. 所有权和经营权集中，不易分散公司的控制权
　　B. 没有固定的股息负担，相对于吸收直接投资，资本成本较低
　　C. 筹资费用较低
　　D. 不利于公司的自主管理
2. 与债务筹资相比，下列各项中，属于发行普通股股票筹资优点的是（　　）。
　　A. 资本成本较低　　　　　B. 财务风险较小
　　C. 稳定公司控制权　　　　D. 筹资弹性较大
3. 下列不属于股票特点的是（　　）。
　　A. 风险性　　　　　　　　B. 收益稳定性
　　C. 流通性　　　　　　　　D. 永久性

二、多选题

1. 普通股股东享有（　　）权力。
　　A. 公司管理权　　　　　　B. 收益分享权
　　C. 优先认股权　　　　　　D. 优先清偿权
2. 股票上市的目的是多方面的，主要包括（　　）。
　　A. 便于筹措新资金　　　　B. 促进股权流通和转让
　　C. 促进股权分散化　　　　D. 便于确定公司价值

三、判断题

1. 定向增发是向特定对象公开地发行新股的行为。（ ）

2. 记名股票是在股票票面上记载股东姓名或将名称记入公司股东名册的股票。（ ）

判断题答案及解析

知识点4：留存收益筹资、股权筹资的优缺点

一、单选题

1. 下列有关利用留存收益筹资特点的选项中，错误的是（ ）。
   A. 无筹资费用
   B. 维持公司的控制权分布
   C. 可能会稀释原有股东的控制权
   D. 筹资数额有限

2. 下列有关留存收益的选项中，错误的是（ ）。
   A. 留存收益的筹资途径有提取盈余公积金和未分配利润
   B. 盈余公积金是指有指定用途的留存净利润
   C. 未分配利润是未指定用途的留存净收益
   D. 盈余公积金可以用于转增股本、弥补以前年度经营亏损和以后年度的对外利润分配

3. 下列关于筹资方式的选项中，最有利于降低公司财务风险的是（ ）。
   A. 发行普通股   B. 发行优先股
   C. 发行公司债券   D. 发行可转换债券

单选题答案及解析

二、多选题

1. 与增发新股筹资相比，留存收益筹资的优点有（ ）。
   A. 筹资成本低
   B. 有助于增强公司的社会声誉
   C. 有助于维持公司的控制权分布
   D. 筹资规模大

2. 留存收益筹资的途径有（ ）。
   A. 提取盈余公积金   B. 未分配利润
   C. 发行股票   D. 销售资产

多选题答案及解析

三、判断题

1. 留存收益也是企业筹资的一种方式。（ ）

2. 企业每年的税后利润必须提取20%的法定盈余公积金。（　　）

3. 股权资本的资本成本负担比较灵活，因此股权筹资的资本成本要低于债务筹资。（　　）

判断题答案
及解析

四、案例分析题

蒙牛乳业：融资驱动的成长飞跃

蒙牛乳业，1999年诞生于内蒙古呼和浩特市，以乳制品和冰淇淋为主打产品，由伊利原副总裁牛根生创立。作为一家快速成长型企业，蒙牛的发展轨迹鲜明地展现了企业生命周期的各个阶段及其融资策略。

初创期（1999~2001年）："蒙古牛"战略与私人借贷。

在创业初期，蒙牛面临资金短缺，主要依靠创始团队自有资金及亲友间的私人借贷支撑运营。通过深耕内蒙古奶源，学习并追赶行业领导者伊利，蒙牛逐步站稳脚跟。

高速发展前期（2002~2003年）："中国牛"战略与战略投资者引入。

随着营收突破16亿，蒙牛跃居行业第四。面对扩张需求，蒙牛转向私募股权融资，成功吸引摩根、鼎辉和英联三家国际投行注资6 120万美元，不仅缓解了资金压力，还加速了海外上市进程。

高速发展后期（2004~2007年）："世界牛"战略与香港上市。

2004年，蒙牛在香港主板上市，融资13.74亿港币，资金助力其进一步扩张，销售收入年复合增长率高达51%，远超行业平均水平，并于2007年超越伊利，登顶中国乳制品行业。

成熟期（2008年后）："三聚氰胺"危机与中粮入主。

面对行业竞争加剧及"三聚氰胺事件"冲击，蒙牛股价暴跌，市值大幅缩水。关键时刻，中粮集团携手厚朴基金，以61亿元人民币定向增发入股，成为蒙牛第一大股东，为蒙牛注入30多亿港币现金流，助力其抵御风险，巩固市场地位。

资料来源：路军：《蒙牛乳业公司融资路径研究》，吉林大学，2016年。

案例分析题
答案及解析

结合上述案例，回答下列问题：

1. 股权筹资的优缺点是什么？
2. 结合上述案例，谈谈你的感想。

知识点5：银行借款

一、单选题

1. 下列关于银行贷款分类的选项中，不正确的是（　　）。

A. 按提供贷款的机构，分为政策性银行贷款、商业银行贷款和其他金融机构贷款
B. 按机构对贷款有无担保要求，分为信用贷款和担保贷款
C. 担保贷款包括卖方信贷、抵押贷款和质押贷款
D. 流动基金借款、生产周转借款、结算借款属于流动资金贷款

2. 对于出借方来说，下列几种贷款方式的选项中，风险最高的是（　　）。
A. 担保贷款　　　　　　B. 抵押贷款
C. 信用贷款　　　　　　D. 保证贷款

单选题答案及解析

二、多选题

1. 关于银行借款的筹资特点，下列说法正确的有（　　）。
A. 筹资弹性较大　　　　B. 筹资成本较高
C. 限制条件多　　　　　D. 筹资速度快

2. 下列选项中，属于特殊性保护条款的有（　　）。
A. 违约惩罚条款　　　　B. 借款的用途不得改变
C. 限制企业非经营性支出　D. 限制企业资本支出的规模

多选题答案及解析

三、判断题

1. 由于信用贷款是以借款人的信誉或保证人的信用为依据而获得的贷款，因此银行通常收取的利息比担保贷款收取的利息要低。（　　）

2. 利用银行借款的筹资弹性比较大，但是筹资数额有限。（　　）

判断题答案及解析

3. 专项贷款是指企业因从事新建、改建、扩建等基本建设项目需要资金而向银行申请借入的款项。（　　）

知识点6：发行债券

一、单选题

1. 按照有无特定的财产担保，可将债券分为（　　）。
A. 记名债券和无记名债券
B. 可转换债券和不可转换债券
C. 信用债券和担保债券
D. 不动产抵押债券、动产抵押债券和证券信托抵押债券

2. 按照是否能够转换成公司股权，可将债券分为（　　）。
A. 记名债券和无记名债券

单选题答案及解析

B. 可转换债券和不可转换债券

C. 信用债券和担保债券

D. 不动产抵押债券和证券信托抵押债券

二、多选题

1. 债券发行价格的影响因素有（　　）。

　　A. 债券面值　　　　　　　　B. 票面利率

　　C. 市场利率　　　　　　　　D. 债券期限

2. 债券的偿还时间按实际发生与规定的到期日之间的关系，分为到期偿还、提前偿还两类。到期偿还又包括（　　）。

　　A. 分批偿还　　　　　　　　B. 一次偿还

　　C. 强制性赎回　　　　　　　D. 通知赎回

多选题答案及解析

三、判断题

1. 无记名公司债券的转让，由债券持有人将该债券交付给受让人后即发生转让的效力。（　　）

2. 公开发行公司债券筹集的资金不得用于弥补亏损。（　　）

3. 当票面利率低于市场利率，债券溢价发行。（　　）

判断题答案及解析

四、计算题

A公司计划发行5年期公司债券，每张面值为1 000元，票面利率为8%。假定该债券每年付息一次，到期按面值偿还，投资者要求的必要报酬率为10%。根据上述资料计算每张债券价格不高于多少元时，债券才能发行成功？

计算题答案及解析

五、案例分析题

铁路债券助力高铁建设

中国铁路总公司（现中国国家铁路集团有限公司）为了满足高速铁路建设的巨大融资需求，多次在中国债券市场发行公司债券。这些债券得到了投资者的高度认可，并为中国铁路建设提供了稳定的资金来源。

自2006年以来，中国铁路总公司已发行多期中国铁路建设债券，累计发行规模高达数千亿元人民币。例如，2018年获得国家发展改革委批复，同意其分期发行3 000亿元的中国铁路建设债券。债券类型多样，包括长期债券、中期票据、短期融资券等，以满足不同资金需求和市场环境。债券期限也从几年到几十年不等，如2006年第一期中国铁路建设债券期限包括7年期、10年期和20年期品种。发行利率根据市场情况和信用评级确定，通常具有一定的吸引力，以吸引投资者。

通过发行公司债券，中国铁路总公司成功筹集了大量资金，有效缓解了高速铁路建设的资金压力，保障了铁路项目的顺利推进。资金的注入加速了高速铁路网络的扩展和完善，提升了铁路运输能力和服务水平，促进了区域经济的发展和人员流动。同时，作为大型国有企业发行的债券，具有较高的信用等级和投资价值，吸引了众多投资者的关注和参与，丰富了债券市场的投资品种，推动了中国债券市场的繁荣和发展。

案例来源：叶刚：《中国铁路债券融资研究》，西南交通大学，2010年。

结合上述案例，回答以下问题：

1. 中国铁路总公司在发行债券过程中，如何平衡融资成本与债务风险？

2. 中国铁路总公司通过债券融资支持高速铁路建设，体现了国有企业在服务国家战略中的哪些责任与担当？

案例分析题
答案及解析

■ 知识点7：融资租赁

一、单选题

1. 下列选项中，属于融资租赁筹资特点的是（　　）。
   A. 财务风险小，财务优势明显
   B. 融资租赁的限制条件多
   C. 资本成本较低
   D. 可能发生设备陈旧过时的风险

2. 下面关于融资租赁的选项中，错误的是（　　）。
   A. 融资租赁属于直接筹资
   B. 融资租赁的设备到租赁期满的时候通常被承租企业留购
   C. 融资租赁中的杠杆租赁涉及承租人、出租人和资金出借人三方
   D. 售后回租属于融资租赁的一种基本形式

3. 下列各项中，不属于租赁的基本特征的是（　　）。
   A. 所有权与使用权相分离　　B. 融资与融物相结合
   C. 租金的分期回流　　　　　D. 租赁期较短

单选题答案
及解析

二、多选题

1. 融资租赁筹资的优点包括（　　）。

A. 财务风险较小   B. 限制条件较少

C. 资本成本较低   D. 融资速度较快

2. 融资租赁的基本形式包括（   ）。

A. 直接租赁   B. 杠杆租赁

C. 售后回租   D. 经营租赁

3. 下列各项中，影响融资租赁每期租金的因素有（   ）。

A. 设备原价及预计残值   B. 利息

C. 租赁手续费   D. 租赁支付方式

多选题答案及解析

三、判断题

1. 融资租赁形式下，只涉及承租人和出租人。（   ）

2. 杠杆租赁中，如果出租人到期不能按期偿还借款，资产所有权则转移给资金的出借者。（   ）

判断题答案及解析

四、计算题

某公司于 2025 年 1 月 1 日从租赁公司租入一套设备，价值 500 万元，租期 6 年，租赁期满时预计残值 50 万元，归租赁公司所有。折现率为 10%，租金每年年末支付一次。则每年的租金为多少万元？

计算题答案及解析

▌知识点 8：混合型资金筹集

一、单选题

1. 关于优先股的股利的选项中，错误的是（   ）。

A. 相对于普通股而言，优先股的股利是相对固定的

B. 优先股的股息一般会根据公司经营情况而变化

C. 优先分配公司的剩余财产

D. 优先股可以由公司赎回

2. 下列关于优先股筹资的表述中，错误的是（   ）。

A. 优先股筹资不用偿付本金

B. 优先股筹资兼有债务筹资和股权筹资的某些性质

C. 优先股筹资不利于保障普通股的控制权

D. 优先股筹资会给公司带来一定的财务压力

3. 下列关于可转换债券的说法中，错误的是（   ）。

A. 可转换债券的票面利率一般高于普通债券的票面利率

B. 转换价格一般高于发售日股票市场价格

C. 标的股票一般是本公司股票

D. 一般情况下，当市场价格高于转换价格时，投资者会选择

行权

4. 下列关于认股权证筹资的说法中,错误的是(　　)。
   A. 属于债券融资方式
   B. 是一种融资促进工具
   C. 能够为公司筹集额外的现金
   D. 是一种买入期权

单选题答案
及解析

二、多选题

1. 与普通股股东相比,优先股股东的优先权利包括(　　)。
   A. 公司管理权　　　　　B. 年度利润分配权
   C. 剩余财产清偿分配权　D. 表决权

2. 下列选项中,属于优先股筹资特点的有(　　)。
   A. 无固定的到期日,不用偿付本金
   B. 保持普通股股东对公司的控制权
   C. 优先股的资本成本低于债券
   D. 可能形成较重的财务负担

多选题答案
及解析

三、判断题

1. 一旦公司处于清算,剩余财产先分给优先股股东,再分给债权人,最后分给普通股股东。(　　)。

2. 可转换债券的持有人具有在未来按一定的价格购买普通股股票的权利,因此可转换债券具有买入期权的性质。(　　)

3. 认股权证在其持有者认购股份之前,对发行公司既不拥有债权也不拥有股权。(　　)

判断题答案
及解析

四、计算题

某企业发行期限为 5 年的可转换债券,每张债券面值为 1 000 元,发行价为 1 050 万元,共发行 10 万张,年利率为 10%,到期还本付息,2 年后可转换为普通股,第 3 年末该债券一次全部转换为普通股 200 万股,其转换价格为多少?

计算题答案
及解析

第四章 筹资决策

知识点1：资本成本的概述

一、单选题

1. （　　）是指企业在筹集资金过程中所支付的各项开支，包括股票和债券的发行费用，向银行支付的借款手续费等。
   A. 筹资费用　　　　　　B. 用资费用
   C. 资本成本　　　　　　D. 机会成本

2. （　　）是指企业在使用资金过程中付出的代价，如向股东支付的股利、向债权人支付的利息等。
   A. 筹资费用　　　　　　B. 用资费用
   C. 资本成本　　　　　　D. 机会成本

3. 下列各项中，属于筹资费用的是（　　）。
   A. 利息支出　　　　　　B. 股票发行费
   C. 融资租赁的资金利息　D. 股利支出

4. 下列选项中，属于股权筹资的是（　　）。
   A. 商业信用　　　　　　B. 吸收直接投资
   C. 发行债券　　　　　　D. 融资租赁

单选题答案及解析

二、多选题

1. 通过发行股票筹集的资金，可以来自（　　）。
   A. 政府资金　　　　　　B. 非银行金融机构资金
   C. 其他法人资金　　　　D. 个人资金

2. 下列选项中，属于资本成本中的用资费用的有（　　）。
   A. 向银行支付的借款手续费
   B. 因发行股票而支付的发行费
   C. 向银行等债权人支付的利息

多选题答案及解析

D. 向股东支付的股利

3. 资本成本从绝对量的构成来看，包括（　　）。
　　A. 筹资费用　　　　　　　B. 机会成本
　　C. 用资费用　　　　　　　D. 管理费用

三、判断题

1. 扣除筹资费用后的筹资额称为筹资净额，筹资净额才是企业真正筹得的可用资金。（　　）

2. 同一筹资来源往往可以采用不同的筹资方式取得，而同一筹资方式又往往适用于不同的筹资来源。（　　）

3. 不同资本来源的资本成本是不同的。（　　）

判断题答案及解析

知识点 2：个别资本成本（一）债务资本成本

一、单选题

1. 个别资本成本是指企业单种筹资方式的资本成本。下列各项中，属于个别资本成本的是（　　）。
　　A. 长期借款资本成本　　　B. 加权平均资本成本
　　C. 机会成本　　　　　　　D. 管理成本

2. 企业向银行取得借款 500 万元，年利率为 6%，期限 3 年。每年付息一次，到期还本，所得税税率为 25%，手续费忽略不计，不考虑资金时间价值，则该项借款的资本成本为（　　）。
　　A. 3.5%　　　　　　　　　B. 5%
　　C. 4.5%　　　　　　　　　D. 3%

3. 债券的发行价格同债券的资本成本存在一定的关系，在其他条件不变的情况下，当债券发行价格大于面值时，债券（　　）。
　　A. 溢价发行，资本成本低　　B. 溢价发行，资本成本高
　　C. 折价发行，资本成本高　　D. 折价发行，资本成本低

单选题答案及解析

二、多选题

1. 个别资本成本是指企业单种筹资方式的资本成本，包括（　　）。
　　A. 债务资本成本　　　　　B. 权益资本成本
　　C. 机会成本　　　　　　　D. 管理成本

2. 长期借款的资本成本主要包括（　　）。
　　A. 手续费　　　　　　　　B. 借款利息
　　C. 发行费　　　　　　　　D. 印刷费

多选题答案及解析

3. 企业发行债券的成本主要是指（　　）。
　　A. 发行费　　　　　　　　B. 印刷费
　　C. 债券利息　　　　　　　D. 注册费

三、判断题

1. 债券的利息按票面价值和票面利率的乘积计算，债券的筹资额按票面价值和发行数量确定。（　　）
2. 如果借款合同中存在其他限制性条款，此时借款的实际利率和资本成本都将会提高。（　　）
3. 债券的利息在所得税前列支，具有抵税作用。（　　）

判断题答案及解析

四、计算题

1. 某企业以 1 050 元的价格溢价发行面值为 1 000 元，期限 3 年，票面利率为 8% 的公司债券一批。每年付息一次，到期一次还本，发行费用率为 2%，企业所得税税率为 25%，则按照一般模式计算的该批债券的资本成本率为多少？

2. 某企业按照面值发行债券进行筹资，发行总额为 100 万元，期限为 5 年，票面利率为 10%，发行费率为 5%，约定每年付息一次，到期归还本金，企业所得税税率为 25%，在不考虑时间价值的情况下，该债券的资本成本率为多少？

3. 某企业发行了期限为 5 年的长期债券 10 000 万元，年利率为 8%，每年年末付息一次，到期一次还本，债券发行费率为 1.5%，企业所得税税率为 25%，该债券的资本成本率为多少？

计算题答案及解析

知识点 3：个别资本成本（一）权益资本成本

一、单选题

1. 下列关于优先股的说法中，错误的是（　　）。
　　A. 优先股股利具有抵减所得税的作用
　　B. 优先股同时具有债券和普通股的一些特征
　　C. 优先股的风险要大于债券、小于普通股
　　D. 优先股资本成本要高于债券的成本、低于普通股的成本

2. 下列关于普通股的说法中，错误的是（　　）。
　　A. 普通股持有人参与剩余财产的分配权在债券和优先股持有人之后
　　B. 普通股的投资风险最小，其资本成本也最低
　　C. 拥有股份转让权

D. 拥有剩余财产要求权

3. 下列选项中，不属于股权筹资资本成本高于债务筹资资本成本理由的是（　　）。

　　A. 投资者投资于股权的风险较高
　　B. 投资于股权会分散控制权
　　C. 股利、红利从税后利润中支付，而使用债务资金的资本成本允许税前扣除
　　D. 普通股的发行、上市等方面的费用十分庞大

二、多选题

1. 按照公司股权资本的构成，股权资本成本主要分为（　　）。
　　A. 优先股资本成本　　　　B. 普通股资本成本率
　　C. 必要报酬率　　　　　　D. 留用利润成本

2. 普通股资本成本的预测的主要方法有（　　）。
　　A. 股利贴现模型法
　　B. 资本资产定价模型法
　　C. 风险溢价法
　　D. 销售百分比法

三、判断题

1. 企业清算时，股权性资金具有优先清偿权。　　　　　（　　）
2. 权益资金的股利（股息、分红）具有抵税作用。　　　（　　）
3. 留存收益的筹资成本要比普通股的筹资成本低。　　　（　　）

四、计算题

1. 某上市公司发行面值 100 元的优先股，规定的年股息率为 8%。该优先股溢价发行，发行价格为 110 元；发行时筹资费用为发行价的 2%。则该优先股的资本成本率为多少？

2. 某公司普通股目前的股价为 10 元/股，筹资费率为 4%，上年支付的每股股利为 2 元，股利固定增长率为 3%，则该企业利用留存收益的资本成本为多少？

3. 某企业为了进行一项投资，计划筹集资金 500 万元，所得税税率为 40%。有关资料如下：
　　（1）该企业向银行借款 100 万元，借款年利率为 6%，手续费率为 3%；
　　（2）该企业按溢价发行债券，债券面值 50 万元，溢价发行价格为 60 万元，票面利率为 8%，期限为 10 年，每年支付一次利息，其筹资费率为 4%；

(3) 该企业按面值发行优先股 240 万元，预计年股利率为 10%，筹资费率为 5%；

(4) 该企业发行普通股 75 万元，每股发行价格 15 元，筹资费率为 6%，本年刚发放的股利为每股 1.5 元，以后每年按 5% 递增；

(5) 该企业其余所需资金通过留存收益取得。

要求：计算该企业各种筹资方式下的个别资金成本。

计算题答案及解析

知识点 4：加权平均资本成本、边际资本成本

一、单选题

1. 下列关于资本成本的说法中，不正确的是（　　）。
   A. 资本成本是比较筹资方式和选择筹资方案的依据
   B. 资本成本是衡量资本结构是否合理的依据
   C. 资本成本是评价投资项目可行性的主要标准
   D. 资本成本是评价企业整体业绩的重要依据

2. （　　）是指企业追加筹资时的资本成本，即企业每新增 1 元资本所需负担的成本。
   A. 综合资本成本　　　　B. 边际资本成本
   C. 加权平均资本成本　　D. 机会成本

3. （　　）是按照各种资本的现行市场价格确定的权数。
   A. 账面价值权数　　　　B. 市场价值权数
   C. 目标资本结构价值权数　　D. 重置价值

单选题答案及解析

二、多选题

1. 下列选项中，会直接影响企业平均资本成本的有（　　）。
   A. 个别资本成本
   B. 各种资本在资本总额中占的比重
   C. 筹资速度
   D. 企业的经营杠杆

2. 一般来说，价值权数的计算依据主要有（　　）。
   A. 账面价值权数　　　　B. 市场价值权数
   C. 目标资本结构价值权数　　D. 重置价值

3. 关于计算平均资本成本权数的说法中，正确的有（　　）。
   A. 市场价值权数反映的是企业过去的实际情况
   B. 市场价值权数反映的是企业目前的实际情况
   C. 目标资本结构价值权数更适用于企业筹措新的资金
   D. 以市场价值为权数有利于进行资本结构决策

多选题答案及解析

三、判断题

1. 在个别资本成本一定的情况下,加权平均资本成本的高低由资本结构(权数)决定。( )

2. 资本成本率是企业用以确定项目要求达到的投资报酬率的最低标准。( )

3. 边际资本成本率应该按加权平均预测,而且其资本成本比例必须以市场价值确定。( )

判断题答案及解析

四、计算题

1. A企业负债资金的市场价值为4 000万元,股东权益的市场价值为6 000万元。债务的税后资本成本为10%,股票的β系数为1.25,企业所得税税率为25%,市场的风险溢酬为12%,无风险利率为11%。该企业的加权平均资本成本为多少?

2. 某公司2023年12月31日的账面长期资金共8 500万元,其中长期借款2 500万元,长期债券2 000万元,普通股3 500万元,留存收益500万元,其个别资本成本分别为税后5%、税后8.5%、税后14.15%、税后12%。该公司的加权平均资本成本是多少?

3. 某公司拟筹资5 000万元,其中按面值发行债券2 000万元,票面利率是10%,筹资费率为2%;发行优先股800万,股息率为12%,筹资费率为3%;发行普通股2 200万,筹资费率为5%,预计第一年股利率为12%,以后每年按4%递增,假设所得税税率为33%。

要求:
(1) 计算债券资金成本。
(2) 计算优先股资金成本。
(3) 计算普通股资金成本。
(4) 计算综合资金成本。

4. 某公司设定的目标资本结构如下:银行借款为20%、公司债券为15%、股东权益为65%。该公司现拟追加筹资300万元,按此资本结构来筹资。个别资本成本率预计如下:银行借款为7%,公司债券为12%,股东权益为15%。追加筹资300万元的边际资本成本为多少?

计算题答案及解析

■ 知识点5:总成本习性模型、边际贡献和息税前利润

一、单选题

1. 按照成本性态划分后的成本不包括( )。

单选题答案
及解析

A. 固定成本   B. 变动成本
C. 混合成本   D. 标准成本

2. 用销售收入减去变动成本得出的差额是指（　　）。

    A. 边际贡献   B. 息税前利润
    C. 每股收益   D. 利润总额

二、多选题

1. 成本性态是指成本的变动与业务量（产量或者销售量）之间的依存关系。按照成本性态不同，通常可以把成本区分为（　　）。

    A. 固定成本   B. 变动成本
    C. 混合成本   D. 标准成本

2. 边际贡献是一个十分有用的价值指标，除了用总额表示外，还有单位边际贡献和边际贡献率两种形式，可用以下公式表示的有（　　）。

    A. 边际贡献 = 销售收入 − 变动成本
    B. 边际贡献 = 单位边际贡献 × 销售量
    C. 边际贡献 = 销售额 × 边际贡献率
    D. 边际贡献 = 销售收入 − 营业成本

3. 息税前利润是指企业支付利息和缴纳所得税之前的利润。在成本习性模型的基础上，息税前利润可以用下列（　　）表示。

    A. 息税前利润 = 销售收入 − 变动成本 − 固定营业成本
    B. 息税前利润 =（单价 − 单位变动成本）× 销售量 − 固定营业成本
    C. 息税前利润 = 销售收入 − 总成本
    D. 息税前利润 = 边际贡献 − 固定营业成本

多选题答案
及解析

三、判断题

1. 混合成本不能简单地归入固定成本和变动成本，往往需要按一定的技术方法分解归入固定成本和变动成本两部分。（　　）

2. 边际贡献是销售收入与变动成本的差额。（　　）

3. 息税前利润可以表示为边际贡献总额与固定营业成本的差额。（　　）

判断题答案
及解析

四、计算题

1. 某公司 2023 年销售产品 20 万件，单价 50 元，单位变动成本 35 元，固定营业成本 100 万元，则该公司的边际贡献和息税前利润是多少？

2. 某企业在一定期间的固定营业成本为 7 000 元，该期间生产一种产品，计划产销 2 000 件。已知该产品单位售价为 15 元，单位变动成本为 9 元。试求该产品的边际贡献和息税前利润。

知识点 6：经营杠杆

一、单选题

1. 某企业本年营业收入 1 200 万元，变动成本率为 60%，下年经营杠杆系数为 1.5，本年的经营杠杆系数为 2，则该企业的固定营业成本为（　　）万元。
   A. 160　　　　　　　　B. 320
   C. 240　　　　　　　　D. 无法计算

2. 下列各项中，不影响经营杠杆系数的是（　　）。
   A. 基期产销量　　　　B. 基期销售单价
   C. 基期固定成本　　　D. 基期利息费用

3. 下列各项中，会导致经营杠杆效应最大的情况是（　　）。
   A. 实际销售额等于目标销售额
   B. 实际销售额大于目标销售额
   C. 实际销售额等于盈亏临界点销售额
   D. 实际销售额大于盈亏临界点销售额

二、多选题

1. 在其他因素一定且息税前利润大于 0 的情况下，下列选项中，可以导致本期经营杠杆系数降低的有（　　）。
   A. 提高基期边际贡献　　B. 提高本期边际贡献
   C. 提高本期的变动成本　D. 降低基期的变动成本

2. 下列选项中，影响经营杠杆系数计算结果的有（　　）。
   A. 销售单价　　　　　　B. 销售数量
   C. 资本成本　　　　　　D. 所得税税率

3. 下列关于经营杠杆系数的选项中，不正确的有（　　）。
   A. 降低经营杠杆系数的措施有增加销售额、降低单位变动成本和固定营业成本等
   B. 经营杠杆是资产报酬不确定的根源
   C. 预测期经营杠杆系数等于基期息税前利润与基期固定营业成本之和除以基期息税前利润
   D. 固定营业成本不变，息税前利润大于 0 时，销售额越大，经营杠杆系数就越大，经营风险就越小

4. 甲公司生产产品的单位变动成本为 20 元，单位销售价格为 50

元,上年的销售量为10万件,固定营业成本为30万元,利息费用为40万元,优先股股利为75万元,企业所得税税率为25%。根据上述资料计算出的下列指标中正确的有(　　)。

A. 边际贡献为300万元
B. 息税前利润为270万元
C. 经营杠杆系数为1.11
D. 财务杠杆系数为1.17

多选题答案及解析

三、判断题

1. 在其他因素不变的情况下,销售额越小,经营杠杆系数越小。(　　)

2. 当息税前利润大于零,单位边际贡献和固定营业成本不变时,除非固定营业成本为零或业务量无穷大,否则息税前利润的变动率一定大于产销变动率。(　　)

3. 根据"经营杠杆系数=基期边际贡献÷基期息税前利润"可知,提高基期边际贡献可以提高本期经营杠杆系数。(　　)

4. 如果经营营业成本为零,则经营杠杆系数为1,则企业没有经营风险。(　　)

5. 经营杠杆能够扩大市场和生产等因素变化对利润变动的影响。(　　)

6. 影响经营杠杆系数的因素必然影响财务杠杆系数,但是影响财务杠杆系数的因素不一定影响经营杠杆系数。(　　)

判断题答案及解析

四、计算题

1. 某公司生产甲产品,年销售量为1 000件,销售单价为100元,单位变动成本为50元,固定营业成本总额为30 000元。试求该公司边际贡献、息税前利润和经营杠杆系数。

2. 某公司上年的销售量为10万台,单价为18元/台,销售成本率为60%,变动成本率为70%,固定营业成本为20万元;该公司预计本年的销售量会提高20%(达到12万台),单价、销售成本率、变动成本率和固定性经营成本保持不变,则本年的经营杠杆系数为多少?

计算题答案及解析

知识点7:财务杠杆

一、单选题

1. 在息税前利润大于0的情况下,下列可以导致财务杠杆系数提高的是（　　）。

　　A. 增加本期的负债资金　　B. 提高基期息税前利润

　　C. 增加基期的负债资金　　D. 降低本期的变动成本

2. 如果企业的资金来源全部为自有资金，且没有优先股存在，则企业财务杠杆系数（　　）。

　　A. 等于0　　　　　　　　B. 等于1

　　C. 大于1　　　　　　　　D. 小于1

3. 某企业某年的财务杠杆系数为2.5，息税前利润（EBIT）的计划增长率为10%，假定其他因素不变，则该年普通股每股收益（EPS）的增长率为（　　）。

　　A. 4%　　　　　　　　　B. 5%

　　C. 20%　　　　　　　　D. 25%

4. 下列关于财务风险的说法中，不正确的是（　　）。

　　A. 财务杠杆放大了资产报酬变化对普通股收益的影响，财务杠杆系数越高，财务风险越大

　　B. 财务风险是由于经理经营不善引起的

　　C. 只要存在固定筹资成本，就存在财务杠杆效应

　　D. 在其他因素一定的情况下，固定财务费用越高，财务杠杆系数越大

单选题答案及解析

二、多选题

1. 在其他因素一定且息税前利润大于0的情况下，可以使本期财务杠杆系数降低的有（　　）。

　　A. 提高基期息税前利润　　B. 增加基期的负债资金

　　C. 减少基期的负债资金　　D. 降低基期的变动成本

2. 下列各项中，影响财务杠杆系数的有（　　）。

　　A. 单价　　　　　　　　　B. 所得税税率

　　C. 优先股股利　　　　　　D. 利息费用

3. 关于财务杠杆系数的计算公式中，正确的有（　　）。

　　A. 财务杠杆系数 = 净利润变动率 ÷ 税前利润变动率

　　B. 财务杠杆系数 = 每股收益变动率 ÷ 息税前利润变动率

　　C. 财务杠杆系数 = 报告期息税前利润 ÷ 报告期税前利润

　　D. 财务杠杆系数 =（基期边际贡献 - 基期固定营业成本）÷（基期息税前利润 - 基期利息费用 - 基期税前优先股股利）

4. 影响财务杠杆系数的因素包括（　　）。

　　A. 产品销售数量　　　　　B. 企业资本结构

　　C. 借款的利息率水平　　　D. 固定营业成本的高低

多选题答案及解析

三、判断题

1. 在不存在优先股的情况下，税前利润大于 0 时，只要有利息，财务杠杆系数就会大于 1。（ ）

2. 某企业的税前利润大于 0，没有利息费用，则该企业的财务杠杆系数为 1。（ ）

3. 在没有优先股的情况下，财务杠杆系数反映边际贡献与息税前利润的比率。（ ）

4. 在企业净利润大于 0 的前提下，只要有固定筹资成本存在，财务杠杆系数总是大于 1。（ ）

判断题答案及解析

四、计算题

1. 某公司资金总额为 600 万元，负债比率为 30%，负债利息率为 5%，本年该公司实现息税前利润 50 万元，假设所得税税率为 25%。计算该公司的财务杠杆系数。

2. 甲公司（无优先股）只生产一种产品，产品单价为 6 元，单位变动成本为 4 元，产品年销量为 10 万件，年固定营业成本为 5 万元，年利息支出为 3 万元，计算甲公司的财务杠杆系数。

知识点 8：联合杠杆

一、单选题

1. 某公司的经营杠杆系数为 1.8，财务杠杆系数为 1.5，则该公司销售额每增长 100%，就会造成每股收益增加（   ）。

   A. 120%　　　　　　　　　　B. 150%
   C. 30%　　　　　　　　　　　D. 270%

2. 下列关于总杠杆系数的表述中，不正确的是（   ）。

   A. 在总杠杆系数一定的情况下，经营杠杆系数与财务杠杆系数此消彼长
   B. 在其他因素不变的情况下，总杠杆系数越大，公司风险越大
   C. 总杠杆系数越大，企业经营风险越大
   D. 总杠杆系数越大，销售量的变动所引起的每股收益的变动越大

3. 甲企业 2023 年净利润 750 万元，所得税率为 25%。已知甲企业负债为 10 000 万元，利率为 10%。2023 年销售收入 5 000 万元，变动成本率 40%，固定营业成本总额与利息费用数额相同。下列说

法中错误的是（　　）。

  A. 如果销售量增加10%，息税前利润将增加15%
  B. 如果息税前利润增加20%，每股收益将增加40%
  C. 如果销售量增加10%，每股收益将增加30%
  D. 如果每股收益增加10%，销售量需要增加30%

 4. 固定营业成本和固定筹资成本的共同存在而导致的杠杆效应属于（　　）。

  A. 经营杠杆效应   B. 财务杠杆效应
  C. 总杠杆效应   D. 资本杠杆效应

 5. 某企业某年的财务杠杆系数为2，经营杠杆系数是3，产销量的计划增长率为10%，假定其他因素不变，则该年普通股每股收益（EPS）的增长率为（　　）。

  A. 4%   B. 25%
  C. 20%   D. 60%

二、多选题

 1. 在总杠杆系数大于0的情况下，可以通过降低企业的总杠杆系数，进而降低企业公司风险的措施包括（　　）。

  A. 提高单价   B. 提高利息率
  C. 降低资产负债率   D. 降低销量

 2. 只要企业同时存在（　　），就会存在总杠杆作用。

  A. 变动生产经营成本 B. 固定营业成本
  C. 固定筹资成本   D. 变动制造费用

 3. 在边际贡献大于固定成本的情况下，下列措施中有利于降低企业总风险的有（　　）。

  A. 增加产品销量   B. 提高产品单价
  C. 提高资产负债率   D. 节约固定成本支出

 4. 如果企业存在固定营业成本和固定筹资成本，在其他因素不变的情况下，下列措施中能降低总杠杆系数的有（　　）。

  A. 增加边际贡献总额 B. 提高单价
  C. 增加债务利息   D. 增加单位变动成本

 5. 下列选项中，与总杠杆系数呈同向变动的有（　　）。

  A. 利息费用   B. 营业收入
  C. 优先股股利   D. 固定营业成本

 6. 关于总杠杆系数的计算，下列计算公式中正确的有（　　）。

  A. 总杠杆系数＝每股收益变动率÷营业收入变动率
  B. 总杠杆系数＝经营杠杆系数＋财务杠杆系数
  C. 总杠杆系数＝基期边际贡献÷（基期税前利润－基期税前

优先股股利）

D. 总杠杆系数＝归属于普通股股东的净利润变动率÷销量变动率

7. 总杠杆效应的意义有（　　）。

A. 能够说明产销业务量变动对普通股收益的影响
B. 能够说明资产报酬对普通股收益的影响
C. 揭示了财务管理的风险管理策略
D. 揭示了财务风险的程度

多选题答案及解析

三、判断题

1. 在企业承担总风险能力一定且利率相同的情况下，对于经营杠杆水平较高的企业，应当保持较低的负债水平，而对于经营杠杆水平较低的企业，则可以保持较高的负债水平。（　　）

2. 企业初创阶段，资金需求量大，在资本结构安排上应提高负债比例。（　　）

3. 因为总杠杆系数等于经营杠杆系数与财务杠杆系数的乘积，所以经营杠杆系数降低，则总杠杆系数也随之降低。（　　）

4. 只要企业同时存在固定营业成本和固定筹资成本，就会存在总杠杆的作用。（　　）

5. 如果某盈利企业没有利息和固定营业成本，则总杠杆系数为1。（　　）

判断题答案及解析

四、计算题

1. 某公司无优先股，全部资本为600万元，负债比率为40%，负债利率为10%，变动成本率为60%，所得税税率为25%。当销售额为600万元时，息税前利润为120万元，则该公司的总杠杆系数为多少？

2. A公司2023年资产总额为5 000万元，资产负债率为40%，负债平均利息率为6%，当年实现的销售收入为3 000万元，全部的固定营业成本和利息费用为420万元，变动成本率为40%。若预计2024年的销售收入提高60%，其他条件不变。

要求：

（1）计算经营杠杆系数。
（2）计算财务杠杆系数。
（3）计算复合杠杆系数。
（4）预计2024年的每股收益增长率。

计算题答案及解析

知识点9：资本结构优化

一、单选题

1. 下列各项中，不属于影响资本结构的因素的是（   ）。
   A. 企业财务状况　　　　　B. 行业特征
   C. 管理当局的态度　　　　D. 投资机会

2. 下列选项中，不正确的是（   ）。
   A. 如果企业产销业务量稳定，则该企业可以较多地负担固定的财务费用
   B. 拥有大量固定资产的企业主要通过发行股票筹集资金
   C. 稳健的管理当局偏好于选择低负债比例的资本结构
   D. 当国家执行紧缩的货币政策时，市场利率较低，企业债务资本成本降低

3. 下列关于资本结构选项中，不正确的是（   ）。
   A. 在最佳资本结构下，平均资本成本率是最低的
   B. 在最佳资本结构下，企业价值最大
   C. 资本结构不影响企业的风险
   D. 资本结构优化的目标是降低平均资本成本率或提高普通股每股收益

4. 下列关于最佳资本结构的选项中，不正确的是（   ）。
   A. 最佳资本结构在理论上是存在的
   B. 资本结构优化的目标是提高企业价值
   C. 企业平均资本成本最低时资本结构最佳
   D. 企业的最佳资本结构应当长期固定不变

5. 常见的资本结构决策方法不包括（   ）。
   A. 比较资金成本法　　　　B. 每股收益分析法
   C. 财务杠杆分析法　　　　D. 公司价值比较法

6. 通常情况下，运用每股利润无差别点确定最佳资本结构时需计算的指标是（   ）。
   A. 息税前利润　　　　　　B. 营业利润
   C. 净利润　　　　　　　　D. 利润总额

7. 利用每股利润无差别点进行企业资本结构分析时，当预计息税前利润高于无差别点时，采用（   ）筹资更有利。
   A. 留存收益　　　　　　　B. 股权性资金
   C. 债权性资金　　　　　　D. 混合性资金

8. 东方公司目前资本结构为：总资本1 000万元，其中债务资本400万元（年利息40万元）；普通股资本600万元（600万股，面值

1元，市价5元），企业适用的所得税税率为25%，当实现息税前利润100万元时的每股收益是（　　）元/股。

  A. 0.025   B. 0.075

  C. 0.06   D. 0.065

9. 在进行资本结构优化的决策分析中，可以采用的方法不包括（　　）。

  A. 每股收益分析法   B. 平均资本成本比较法

  C. 公司价值分析法   D. 因素分析法

10. 某公司息税前利润为700万元，债务资金为300万元，债务利率为8%，所得税税率为25%，权益资金为2 000万元，普通股资本成本为15%，在公司价值分析法下，公司此时股票的市场价值为（　　）万元。

  A. 3 000   B. 3 340

  C. 3 380   D. 2 740

11. 下列各种财务决策方法中，可以用于确定最优资本结构且考虑了市场反应和风险因素的是（　　）。

  A. 现值指数法   B. 每股收益分析法

  C. 公司价值比较法   D. 比较资本成本法

单选题答案及解析

二、多选题

1. 影响资本结构的因素包括（　　）。

  A. 企业的资产结构

  B. 企业经营状况的稳定性和成长率

  C. 企业信用等级

  D. 经济环境的税务政策和货币政策

2. 在最佳资本结构下，企业的（　　）。

  A. 综合资本成本最低   B. 企业价值最大

  C. 每股价格最高   D. 财务风险最小

3. 下列关于资本结构的说法中，正确的有（　　）。

  A. 评价企业资本结构最佳状态的标准是能够提高股权收益或降低资本成本

  B. 评价企业资本结构的最终目的是提升企业价值

  C. 最佳资本结构是使企业综合资本成本最低，企业价值最大的资本结构

  D. 资本结构优化的目标是降低财务风险

4. 下列各项因素中，影响企业资本结构决策的有（　　）。

  A. 企业的经营状况   B. 企业的信用等级

  C. 国家的货币供应量   D. 管理者的风险偏好

5. 某公司因扩大经营规模需要筹集长期资本，其有发行长期债券、发行优先股、发行普通股三种筹资方式可供选择。经过测算，发行长期债券与发行普通股的每股利润无差别点为 120 万元，发行优先股与发行普通股的每股利润无差别点为 180 万元。如果采用每股利润无差别点法进行筹资方式决策，下列说法中，不正确的有（   ）。

    A. 当预期的息税前利润为 100 万元时，甲公司应当选择发行长期债券

    B. 当预期的息税前利润为 150 万元时，甲公司应当选择发行普通股

    C. 当预期的息税前利润为 180 万元时，甲公司应当选择发行普通股或发行优先股

    D. 当预期的息税前利润为 200 万元时，甲公司应当选择发行长期债券

6. 下列关于每股利润无差别点法的表述中，正确的有（   ）。

    A. 每股利润无差别点法考虑了风险因素

    B. 在每股利润无差别点法下，哪个方案的每股利润高，则选择哪个方案

    C. 当预计息税前利润高于每股利润无差别点息税前利润时，选择债务融资方案

    D. 当预计息税前利润低于每股利润无差别点息税前利润时，选择股权融资方案

7. 企业价值比较法在确定最佳资本结构时需要对比分析（   ）。

    A. 企业价值   B. 每股利润

    C. 税前债务成本   D. 综合资金成本

8. 关于企业价值比较法，下列说法正确的有（   ）。

    A. 公司价值分析法，是在考虑市场风险基础上，以公司市场价值为标准，进行资本结构优化

    B. 公司价值比较法充分考虑了公司的财务风险和资本成本等因素的影响，进行资本结构的决策以公司价值最大化为标准，通常用于资本规模较大的上市公司

    C. 公司价值比较法衡量时候需要考虑短期债务市场价值

    D. 公司价值比较法的决策原则是选择企业价值最大的融资方案

多选题答案及解析

三、判断题

1. 最佳资本结构是指使综合资金成本最低、企业价值最大的资本结构。（   ）

2. 最佳资本结构是使企业筹资能力最强、财务风险最小的资本结构。（　　）

3. 评价企业资本结构最佳状态的唯一标准是能够降低资本成本。（　　）

4. 每股利润分析法下，企业的资本结构决策可分为初始筹资的资本结构决策和追加筹资的资本结构决策。（　　）

5. 资金成本比较法下，企业可以通过两种思路来选择最佳的追加筹资方案：一是直接计算各备选方案的边际资金成本，二是计算各个汇总资本结构下的综合资金成本。（　　）

6. 在汇总备选方案和原有资本时，普通股的资金成本应按照备选方案和原有情况分别计算。（　　）

7. 资金成本比较法中计算的资金成本是一种加权平均资本成本。（　　）

判断题答案
及解析

8. 每股利润分析法既能反映不同资本结构下普通股股东利益，也能反映不同资本结构对企业价值的影响。（　　）

9. 利用每股利润无差别点进行企业资本结构分析时，当预计息税前利润高于无差别点时，采用债权性资金筹资更有利。（　　）

10. 如果长期债务成本较低，那么当公司从无长期债务开始逐渐增加长期债务时，企业价值开始上升，同时综合资金成本也开始上升。（　　）

四、计算题

某公司原有资本总额400万元，其中发行在外的普通股200万元（每股面值1元，200万股），债券200万元，该债券利息率为10%。该公司打算为一个新的投资项目融资200万元。假定新项目投产后公司每年息税前利润增加到100万元，企业适用所得税税率为30%。现有以下两种筹资方案可供选择：

计算题答案
及解析

A方案：全部发行债券。发行200万元债券，债券利息率为10%。

B方案：全部发行普通股。增发200万股普通股，每股面值1元，发行价格1元。

要求：

（1）当新项目投产后公司每年息税前利润为100万元时，试计算两个筹资方案的每股收益。（结果保留四个小数）

（2）试计算每股收益无差别点处的息税前利润。

（3）比较上述A、B方案，试分析公司应选择哪种方案，为什么？

五、案例分析题

从商业帝国到破产边缘的教训

大宇集团于1967年开始奠基立厂，其创办人金宇中当时是一名纺织品推销员。经过30年的发展，通过政府的政策支持、银行的信贷支持和在海内外的大力购并，大宇成为直逼韩国最大企业——现代集团的庞大商业帝国：1998年底，总资产高达640亿美元，营业额占韩国GDP的5%。业务涉及贸易、汽车、电子、通用设备、重型机械、化纤、造船等众多行业。国内所属企业曾多达41家，海外公司数量创下过600家的纪录，鼎盛时期，海外雇员多达几十万，大宇成为国际知名品牌。大宇是"章鱼足式"扩张模式的积极推行者，认为企业规模越大，就越能立于不败之地，即所谓的"大马不死"。据报道，1993年金宇中提出"世界化经营"战略时，大宇在海外的企业只有15家，而到1998年底已增至600多家，"等于每3天增加一个企业"。还有更让韩国人为大宇着迷的是：在韩国陷入金融危机的1997年，大宇不仅没有被危机困倒，反而在国内的集团排名中由第4位上升到第2位，金宇中本人也被美国《幸福》杂志评为亚洲风云人物。

1997年底韩国发生金融危机后，其他企业集团都开始收缩，但大宇仍然我行我素，结果债务越背越重。尤其是1998年初，韩国政府提出"五大企业集团进行自律结构调整"方针后，其他集团把结构调整的重点放在改善财务结构方面，努力减轻债务负担。大宇却认为，只要提高开工率，增加销售额和出口就能躲过这场危机。因此，它继续大量发行债券，进行"借贷式经营"。1998年大宇发行的公司债券达7万亿韩元（约58.33亿美元）。1998年第四季度，大宇的债务危机已初露端倪，在各方援助下才避过债务灾难。此后，在严峻的债务压力下，大梦方醒的大宇虽作出了种种努力，但为时已晚。

1999年7月中旬，大宇向韩国政府发出求救信号。7月27日，大宇因"延迟重组"，被韩国4家债权银行接管。8月11日，大宇在压力下屈服，割价出售两家财务出现问题的公司。8月16日，大宇与债权人达成协议，在1999年底前，将出售盈利最佳的大宇证券公司，以及大宇电器、大宇造船、大宇建筑公司等，大宇的汽车项目资产免遭处理。"8月16日协议"的达成，表明大宇已处于破产清算前夕，遭遇"存"或"亡"的险境。此后的几个月中，经营依然不善，资产负债率仍然居高，大宇不得不于1999年11月1日向新闻界正式宣布，该集团董事长金宇中以及14名下属公司的总经理决定辞职，以表示"对大宇的债务危机负责，并为推行结构调整创造条件"。韩国媒体认为,这意味着"大宇集团解体进程已经完成""大宇集团已经消失"。

资料来源:焦娜:《谈财务杠杆在企业中的应用》,载于《合作经济与科技》2016年第23期,第174~175页。

结合上述案例,回答以下问题:

1. 对"财务杠杆效应是一把双刃剑"这句话进行评述。
2. 我国的企业可从"大宇神话"中受到哪些启迪?

案例分析题
答案及解析

第五章 投资管理

知识点1：投资管理的概述

一、单选题

1. 按投资活动与企业本身的生产经营活动的关系，企业投资可以划分为（　　）。
   A. 直接投资和间接投资　　B. 项目投资和证券投资
   C. 短期投资和长期投资　　D. 对内投资和对外投资

2. 按照企业投资的分类，下列各项中，属于项目投资的是（　　）。
   A. 购买固定资产　　B. 购买短期公司债券
   C. 购买股票　　D. 购买长期公司债券

3. 下列关于项目投资与证券投资的说法中，正确的是（　　）。
   A. 它们是按投资活动与企业本身的生产经营活动关系进行分类的
   B. 项目投资属于间接投资
   C. 分类角度强调的是投资的方式性
   D. 分类角度强调的是投资的对象性

4. 下列投资活动中，属于间接投资的是（　　）。
   A. 建设新的生产线　　B. 开办新的子公司
   C. 吸收合并其他企业　　D. 购买公司债券

单选题答案及解析

二、多选题

1. ABC公司最近购买了10 000份B公司的股票，这个行为属于（　　）。
   A. 对外投资　　B. 对内投资
   C. 直接投资　　D. 间接投资

2. 下列各项中，属于间接投资的有（　　）。

A. 股票投资 B. 债券投资
C. 固定资产投资 D. 流动资产投资

3. 企业需要通过投资配置资产，才能形成生产能力，取得未来经济利益，下列有关投资的意义表述正确的有（　　）。
A. 投资是企业生存与发展的基本途径
B. 投资是实现财务管理目标的基本前提
C. 投资是企业选择最优资本结构的重要手段
D. 投资是企业降低经营风险的重要手段

4. 下列各项中，属于投资管理的原则的有（　　）。
A. 可行性分析原则 B. 结构平衡原则
C. 动态监控原则 D. 预算管理原则

5. 下列各项中，属于项目投资特点的有（　　）。
A. 投资金额大 B. 影响时间长
C. 变现能力差 D. 投资风险大

多选题答案及解析

判断题答案及解析

三、判断题

1. 项目投资属于直接投资，证券投资属于间接投资。（　　）
2. 直接投资与间接投资、项目投资与证券投资，两种投资分类方式的内涵和范围相同，但分类角度不同。（　　）
3. 投资应遵循的原则之一是结构平衡原则，按照这一原则，企业应对投资项目实施过程中的进程控制。（　　）

知识点2：项目现金流量

一、单选题

1. 现金流量是指投资项目在其计算期内各项现金流入量和现金流出量的统称。这里属于现金流入的是（　　）。
A. 固定资产的投入 B. 开办费用
C. 营业收入 D. 付现成本和缴纳的税金

2. 下列各项中，属于初始现金流的是（　　）。
A. 固定资产的投入 B. 营业收入
C. 付现成本 D. 残值收入

3. 下列各项中，属于终结现金流的是（　　）。
A. 固定资产的投入 B. 营业收入
C. 付现成本 D. 残值收入

4. 下列各项中，根据所得税的影响得出的营业现金净流量公式的是（　　）。

A. 营业现金流量 = 营业收入 - 付现成本 - 所得税
B. 营业现金流量 = 税后净利 + 折旧
C. 营业现金流量 = 营业收入 - （营业成本 - 折旧）- 所得税
D. 营业现金流量 = 营业收入 × (1 - 税率) - 付现成本 × (1 - 税率) + 折旧 × 税率

二、多选题

1. 下列各项中，属于项目终结期的现金流量的有（   ）。
   A. 付现成本   B. 固定资产残值收入
   C. 垫支营运资金的收回   D. 原材料购置费

2. 下列各项中，属于营业期现金流量的有（   ）。
   A. 营业收入   B. 付现成本
   C. 所得税费用   D. 固定资产投资

3. 下列可用于计算营业现金净流量的算式中，正确的有（   ）。
   A. 税后净利 + 折旧
   B. 营业收入 - 付现成本 - 所得税
   C. （营业收入 - 付现成本）× (1 - 所得税税率)
   D. 营业收入 × (1 - 所得税税率) + 非付现成本 × 所得税税率

单选题答案及解析

多选题答案及解析

三、判断题

1. 在项目现金流的时点指标假设中，建设投资时点是在建设期内相关年度的年初发生。（   ）
2. 沉没成本是相关成本。（   ）
3. 现金流量是指投资项目在其计算期内各项现金流入量和现金流出量的统称，包括各种货币资金，但不包括项目需要投入的企业现有的非货币性资源的变现价值。（   ）

判断题答案及解析

四、计算题

1. 某投资方案投产后年营业收入为1 000万元，年营业成本为600万元（其中折旧为100万元），所得税税率为25%，则该方案投产后年营业现金净流量为少万元？

2. 某公司拟施行乙方案以扩充生产能力，投入120 000元购置设备，垫支30 000元营运资金，设备使用寿命为5年，采用直线法计提折旧，5年后净残值为20 000元，则乙方案的初始现金流量为多少元？

3. 某公司计划购买一台设备以扩充生产能力，需投入120 000元购置设备，设备使用寿命为5年，采用直线法折旧，5年后设备无残值。5年中每年营业收入为60 000元，付现成本为20 000元，假设

计算题答案及解析

所得税为25%，则该计划营业期的现金流为多少元？

■ 知识点3：项目投资决策指标（一）　非折现现金流量指标

一、单选题

1. 在只有一个备选方案的采纳与否决策中，平均报酬率与必要平均报酬率的关系为（　　）时，方案可采纳。
   A. 低于　　　　　　　　B. 高于
   C. 等于　　　　　　　　D. 不确定

2. 与投资回收期相比较而言，平均报酬率的缺点是（　　）。
   A. 概念易于理解
   B. 计算比较简便
   C. 没有考虑资金的时间价值
   D. 考虑了投资项目整个寿命期内的现金流量

3. 在多个投资方案的互斥选择投资决策中，应在投资回收期低于企业要求的投资回收期的方案中选择（　　）。
   A. 最低者　　　　　　　B. 最高者
   C. 相等者　　　　　　　D. 关系不确定

单选题答案及解析

二、多选题

1. 非折现现金流量是指不考虑货币时间价值的评价指标，主要包括（　　）。
   A. 平均报酬率　　　　　B. 内含报酬率
   C. 投资回收期　　　　　D. 净现值

2. 下列各项中，属于投资回收期优点的有（　　）。
   A. 概念容易理解
   B. 计算也比较简便
   C. 考虑资金的时间价值
   D. 考虑初始投资收回后的现金流量状况

多选题答案及解析

三、判断题

1. 平均报酬率的优点是概念便于理解，计算也比较简便，考虑资金的时间价值。（　　）

2. 投资回收期没有考虑资金的时间价值，也没有考虑初始投资收回后的现金流量状况。（　　）

判断题答案及解析

3. 平均报酬率法，将前期的现金流量等同于后期的现金流量。
（　　）

4. 在多个投资方案的互斥选择决策中，应在平均报酬率高于必要报酬率的方案中选择最高者。　　　　　　　　　　（　）

四、计算题

1. 甲公司决定从 A、B 两个设备中选购一个，已知 A 设备购价为 15 000 元，预计投入使用后每年可产生现金净流量 4 000 元；B 设备购价 25 000 元，预计投入使用后每年可产生现金净流量 5 500 元。请比较两个设备的投资回收期，为甲公司作出设备的选择？

2. 某公司计划投资建设一条新生产线，投资总额为 60 万元，预计新生产线投产后每年可为公司新增净利润 4 万元，生产线的年折旧额为 6 万元，则该投资的回收期为多少年？

3. 某公司打算购买一台设备以扩充生产能力，该设备需要投入 120 000 元，设备使用寿命为 5 年，采用直线法折旧，5 年后设备无残值。5 年中每年营业收入为 60 000 元，付现成本为 20 000 元。所得税税率为 25%，计算该方案的平均报酬率为多少？

计算题答案及解析

知识点 4：项目投资决策指标（二）　折现现金流量指标

一、单选题

1. 当净现值大于 0 时，下列结论成立的是（　　）。
　　A. 现值指数等于 0　　　　B. 现值指数等于 1
　　C. 现值指数小于 0　　　　D. 现值指数大于 1

2. 下列各项中，不属于折现现金流量指标的是（　　）。
　　A. 净现值　　　　　　　　B. 内含报酬率
　　C. 现值指数　　　　　　　D. 平均报酬率

3. 内含报酬率又称为内部报酬率，它是使投资方案的净现值（　　）的折现率。
　　A. 等于 0　　　　　　　　B. 大于 0
　　C. 小于 0　　　　　　　　D. 等于 1

4. 某方案原始投资为 70 万元，无须安装，寿命期为 8 年，营业期内各年的现金净流量为 15 万元，资本成本率为 10%，该方案的现值指数为（　　）。
　　A. 0.98　　　　　　　　　B. 1.43
　　C. 1.14　　　　　　　　　D. 0.56

5. 某投资项目各年现金净流量按 13% 折现时，净现值大于 0；按 15% 折现时，净现值小于 0。则该项目的内含报酬率一定是（　　）。

A. 大于14% B. 小于14%
C. 小于13% D. 小于15%

6. 已知某投资项目的原始投资额现值为100万元，净现值为25万元，则该项目的现值指数为（　　）。
A. 0.25 B. 0.75
C. 1.05 D. 1.25

单选题答案及解析

二、多选题

1. 下列各项中，属于折现现金流量指标的有（　　）。
   A. 净现值 B. 内含报酬率
   C. 现值指数 D. 平均报酬率
2. 下列各项中，属于净现值的特点的有（　　）。
   A. 考虑了资金的时间价值
   B. 能够真实反映投资方案的净收益
   C. 便于比较不同规模投资方案的获利程度
   D. 能揭示各投资方案的实际报酬率
3. 下列指标在计算时，需要事先估计资本成本的有（　　）。
   A. 内含收益率 B. 净现值
   C. 现值指数 D. 投资回收期
4. 在其他因素不变的情况下，下列财务评价指标中，指标数值越大表明项目可行性越强的有（　　）。
   A. 净现值 B. 现值指数
   C. 内含报酬率 D. 投资回收期

多选题答案及解析

三、判断题

1. 由于获利指数是用相对数来表示，因此获利指数法优于净现值法。（　　）
2. 对单个投资项目进行财务可行性分析评价时，利用净现值法和现值指数法所得出的结论是一致的。（　　）
3. 一般情况下，某投资方案的净现值小于零，计算净现值的贴现率一定高于该投资方案的内含报酬率。（　　）
4. 对相互独立的备选方案进行决策时，如果净现值率大于0，方案可行。（　　）

判断题答案及解析

四、计算题

1. 现有一项产品开发的投资项目，预计于建设期初一次性投资450万元建造固定资产，其使用寿命为8年，期满可收回残值50万元，采用直线法计提折旧，每年可获得净利润50万元。该项目的资本成本为10%。

要求：

（1）试计算该项目的各年现金净流量。

（2）试计算该项目的净现值。

（3）试计算该项目的现值指数。

2. M公司计划购买一台设备以扩充生产能力。经测算，该项目需在建设期期初一次性投入500万元购置设备，设备使用年限为5年，没有建设期，采用直线法计提折旧，期满后设备残值50万元。项目投产之初需垫支100万元流动资金，在经营期间，预计每年可获得营业收入为400万元，付现成本为200万元，企业所得税税率为25%。

要求：

（1）试分析该项目的各年现金净流量。

（2）企业的资本成本要求为10%，试计算该项目的净现值，并判断它是否值得投资。

3. H公司计划投产一条生产线。经测算，该项目需投入800万元购置设备，设备使用年限为5年，采用直线法计提折旧，设备残值为原值的5%。在5年经营期间，每年营业收入为600万元，付现成本为300万元，企业所得税税率为25%。

要求：

（1）试分析该项目的各年现金净流量。

（2）试计算该项目的净现值，并判断它是否值得投资。

4. 华风集团2024年有一项产品开发的投资项目，预计于建设期初一次性投资550万元建造固定资产，使用寿命为5年，期满可收回残值50万元，采用直线法计提折旧。建设期为1年，假设项目投产后，企业每年可获得营业收入900万元，并发生付现成本600万元。该项目的资本成本率为10%，企业所得税税率为25%。

要求：

（1）试分析该项目的各年现金净流量。

（2）试计算该项目的净现值。

（3）试计算该项目的现值指数。

（4）试分析判断该项目是否值得投资，并说明理由。

五、案例分析题

我国某市积极响应国家绿色发展政策，计划投资建设一个绿色能源项目，该项目旨在利用风能和太阳能为当地居民提供清洁能源。该项目预计总投资为10亿元，项目寿命期为10年，如表5-1所示。目前，该市正在对项目进行投资决策分析，希望通过有折现现金流量指标来判断项目的可行性。

计算题答案及解析

表 5-1　　　　　　　　　　项目信息

序号	项目	项目信息
1	项目名称	某市绿色能源项目
2	项目总投资	10 亿元
3	寿命期	10 年
4	预计年营业收入	2.5 亿元
5	预计年营业成本	0.8 亿元
6	预计年折旧	0.2 亿元
7	所得税税率	25%
8	折现率	10%
9	残值收入	8

思考：

1. 计算该项目的净现值。

2. 假如你是该市的市长，你觉得投资该项目对社会有什么贡献？

案例分析题
答案及解析

知识点 5：项目投资决策指标的应用

一、单选题

1. 张三手中有 100 万元，想将手中的钱投资项目，目前有两个互不相关的项目甲和乙，甲需要投资 60 万元，乙需要投资 40 万元，则甲和乙之间的关系是（　　）。

　　A. 独立投资　　　　　　　　B. 互斥投资
　　C. 非相容性投资　　　　　　D. 间接投资

2. 当两个固定资产投资方案为互斥选择时，应优先选择（　　）。

　　A. 净现值大的方案　　　　　B. 平均报酬率大的方案
　　C. 投资回收期短的方案　　　D. 原始投资额小的方案

3. 某公司预计 M 设备报废时的净残值为 3 500 元，税法规定净残值为 5 000 元，该公司适用的所得税税率为 25%，则该设备报废引起的预计现金净流量为（　　）。

　　A. 3 125 元　　　　　　　　B. 3 875 元
　　C. 4 625 元　　　　　　　　D. 5 375 元

单选题答案
及解析

二、多选题

1. 某企业甲乙两个投资方案的资料如下：甲方案寿命期 8 年，净现值为 600 万元，内含报酬为 12%；乙方案寿命期 8 年，净现值为 400 万元，内含报酬为 16%。据此可以认定（　　）。

A. 若甲乙两方案是独立方案，则甲方案较好
B. 若甲乙两方案是独立方案，则乙方案较好
C. 若甲乙两方案是互斥方案，则甲方案较好
D. 若甲乙两方案是互斥方案，则乙方案较好

2. 下列关于净现值法的说法中，正确的有（　　）。
A. 净现值法没有考虑投资风险
B. 净现值法的适用性强
C. 净现值法在独立投资方案的比较决策中，不是唯一适用的方法
D. 如若采用净现值法对寿命期不同的投资方案进行决策，需要将各方案均转化为相等寿命期进行比较

3. 现有甲、乙、丙三个项目，原始投资额现值和寿命期均不相同，甲的净现值最大，乙的内含收益率最高，丙项目的年金净流量最大。则下列说法中正确的有（　　）。
A. 如果三个项目相互独立，则应该先安排乙项目
B. 如果三个项目相互排斥，则应该选择丙项目
C. 如果三个项目相互独立，则应该先安排甲项目
D. 如果三个项目相互排斥，则应该选择乙项目

4. 下列各项中，有关资本限量下的投资组合中应注意的问题有（　　）。
A. 投资组合不能超过资本限量
B. 投资组合可以超过资本限量
C. 在投资组合中不能有互斥方案
D. 在投资组合中可以存在互斥方案

多选题答案
及解析

三、判断题

1. 在相互独立的方案决策中，净现值的决策结果和内含报酬率的计算结果相一致。（　　）

2. 在实务中，对于期限不等的互斥方案，需要换算成相同的寿命期限再进行比较。（　　）

判断题答案
及解析

3. 新旧设备使用寿命不相等的情况时，可以采用年均净现值法。（　　）

四、计算题

某投资项目的项目期限为5年，投资期为1年，投产后每年的现金净流量均为1 500万元，原始投资额现值为2 500万元，资本成本为10%，则该项目年均净现值为多少万元？

计算题答案
及解析

五、案例分析题

有机食材包子铺 A 项目投资决策案例

随着消费者对健康饮食的日益关注，有机食材成为食品行业的新趋势。创业者王丽计划投资一家以有机食材为主打特色的包子铺 A，以下是该项目的投资决策案例。

一、投资理念

健康理念：包子铺 A 项目秉承"从田间到餐桌"的健康理念，所有包子均采用经过有机认证的食材，无化学肥料和农药残留，保障消费者健康。

可持续发展：项目致力于支持有机农业，通过采购有机食材，促进农业生态系统的可持续发展。

品质优先：包子铺 A 坚持高品质标准，从原料选择到制作工艺，每一个环节都追求卓越，确保包子的口感和营养价值。

二、投资决策流程

市场调研：王丽进行了深入的市场调研，发现有机食品市场增长迅速，消费者对有机包子的需求日益增加。

竞争分析：分析了市场上现有的有机食品供应商和包子铺，确定了包子铺 A 的市场定位和差异化策略。

财务预测：王丽与财务顾问李强合作，制定了详细的财务预测，包括销售收入、成本结构、盈利预测等。

投资预算：李强根据包子铺 A 的运营需求，制定了包括店铺租赁、装修、设备采购、原材料采购和人员工资等在内的投资预算。

资金筹集：王丽通过个人储蓄、亲友借款和银行贷款等多种方式筹集了所需投资资金。

风险评估：李强对包子铺 A 可能面临的风险进行了评估，包括市场需求变化、原料供应稳定性、食品安全等，并制定了相应的风险控制措施。

投资决策：基于以上分析，王丽决定投资包子铺 A 项目，并开始实施。

思考：假如你是王丽，你觉得该项投资有什么亮点？

案例分析题
答案及解析

■ 知识点 6：证券投资管理

一、单选题

1. 下列各项中，不属于证券资产特点的是（　　）。
   A. 价值虚拟性　　　　　　　B. 可分割性

C. 强流动性   D. 低风险性

2. 关于证券投资的目的，下列说法不正确的是（   ）。

  A. 分散资金投向，降低投资风险

  B. 利用闲置资金，增加企业收益

  C. 稳定客户关系，保障生产经营

  D. 提高资产的稳定性，增强偿债能力

3. 证券资产的持有目的是多元的，下列各项中不属于持有目的的是（   ）。

  A. 为未来变现而持有

  B. 为销售而持有

  C. 为获得抵税效应而持有

  D. 为取得对其他企业的控制权而持有

4. 下列各项关于债券投资的说法中，不正确的是（   ）。

  A. 债券要素包括债券面值、债券票面利率、债券到期日

  B. 只有债券价值大于其购买价格时，才值得投资

  C. 债券价值指的是未来收到的利息和本金的现值和

  D. 一般来说，经常采用票面利率作为折现率

单选题答案及解析

二、多选题

1. 证券投资的目的有（   ）。

  A. 分散资金投向，降低投资风险

  B. 利用闲置资金，增加企业收益

  C. 稳定客户关系，保障生产经营

  D. 提高资产的流动性，增强偿债能力

2. 下列属于证券资产的特点的有（   ）。

  A. 价值虚拟性   B. 可分割性

  C. 持有目的多元性   D. 高风险性

3. 以下属于股票投资特点的有（   ）。

  A. 股票投资是权益性投资

  B. 股票投资的风险较大

  C. 股票投资的收益较高

  D. 股票投资的价格波动较大

4. 关于股票零增长模式，下列说法中正确的有（   ）。

  A. 公司未来各期发放的股利都相等

  B. 与优先股是相类似的

  C. 与债券是相类似的

  D. 把股利看成年金，就可以利用永续年金现值的计算公式计算股票价值

5. 如果在持有股票 2 年之后将股票出售，则投资于股票所得到的未来现金流量包括（　　）。

  A. 未来 2 年发放的股利　　B. 本金

  C. 第 1 年末股票的售价　　D. 第 2 年末股票的售价

6. 对于固定增长的股票而言，股票投资内部收益率的构成部分包括（　　）。

  A. 预期股利收益率　　B. 售价

  C. 利息率　　D. 股利增长率

7. 甲公司今年初发行 A 股票，预计每年分配股利 3 元，假设股利可以持续发放并且保持不变，投资者要求的收益率为 10%。下列说法中正确的有（　　）。

  A. 股票的价值为 30 元　　B. A 股票是零增长股票

  C. 未来各年股利构成永续年金　　D. 股票的价值为 33 元

8. 债券的基本要素有（　　）。

  A. 债券价格　　B. 债券面值

  C. 债券票面利率　　D. 债券到期日

9. 能够同时影响债券价值和债券内部收益率的因素有（　　）。

  A. 债券价格　　B. 最低投资收益率

  C. 票面利率　　D. 债券面值

多选题答案及解析

三、判断题

1. 证券资产是一种虚拟资产，决定了金融投资仅受市场风险的影响。　　　　　　　　　　　　　　　　　　　　　　（　　）

2. 证券资产不能脱离实体资产而存在，因此，证券资产的价值完全取决于实体资本的现实经营活动所带来的现金流。　（　　）

3. 股票收益高且收益不稳定都属于股票投资的特点。　（　　）

4. 股票的价值是指其实际股利所得和资本利得所形成的现金流入量的现值。　　　　　　　　　　　　　　　　　　（　　）

5. 优先股是一种特殊的股票，跟零增长股票相似，计算股票价值时，都是用固定股利除以贴现率。　　　　　　　　（　　）

6. 根据股票内在价值的计算公式可知，股票的内在价值包括两部分，一部分是在以前持有期间取得的股利收入的现值，另一部分是在将来卖出股票后取得的转让收入与购买价格差额的现值。（　　）

7. 溢价债券的内部收益率高于票面利率，折价债券的内部收益率低于票面利率。　　　　　　　　　　　　　　　　（　　）

8. 债券市场价格是影响债券内在价值计算的因素之一。（　　）

9. 当投资者要求的收益率高于债券（指分期付息债券，下同）票面利率时，债券的市场价值会低于债券面值；当投资者要求的收益

判断题答案及解析

率低于债券票面利率时，债券的市场价值会高于债券面值。（　　）

四、计算题

1. 已知某股票预期明年的股利为每股 2 元，以后股利按照不变的比率 5% 增长，若要求达到 15% 的收益率，则该股票的理论价格为多少元？

2. 一个投资人持有 ABC 公司的股票，他的投资必要收益率为 15%。预计 ABC 公司未来 3 年股利分别为 0.5 元、0.7 元、1 元。在此以后转为正常增长，增长率为 8%，则该公司股票的价值为多少元？

3. 某种股票为固定成长股票，股利年增长率为 6%，今年刚分配的股利为 8 元，无风险收益率为 10%，市场上所有股票的平均收益率为 16%，该股票 β 系数为 1.3，则该股票的价值为多少元？

4. M 公司发行面值为 1 000 元的债券，票面利率为 12%，期限 5 年，每年末计算并支付一次利息，到期一次还本，当前市场利率为 10%，问此债券价格为多少时投资才是值得投资？

计算题答案及解析

第六章
营运资金管理

知识点1：营运资金管理的概述

一、单选题

1. 营运资金管理的目的是（　　）。
   A. 保证足够的流动性
   B. 保证足够的盈利性
   C. 以上观点都不正确
   D. 保证盈利性的前提下保证流动性需求
2. 一般而言，营运资金指的是（　　）。
   A. 流动资产减去速动资产的余额
   B. 流动资产减去货币资金的余额
   C. 流动资产减去流动负债的余额
   D. 流动资产减去存货后的余额

单选题答案及解析

二、多选题

1. 下列关于营运资金的特点说法正确的有（　　）。
   A. 营运资金周转很慢，企业的日常经营很可能出现问题
   B. 营运资金的需求问题既可以通过长期筹资来解决也可以通过短期筹资来解决
   C. 流动资产或流动负债很容易受到企业外部条件的影响，数量的波动较小，企业能够有效地预测和控制
   D. 流动负债在企业正常运转经营中周转循环时间较短
2. 营运资金的特点包括（　　）。
   A. 多样化　　　　　　　　B. 波动小
   C. 周转快　　　　　　　　D. 易变现

多选题答案及解析

三、判断题

1. 营运资金具有多样性、波动性、短期性、变动性和不易变现性等特点。（　　）

2. 拥有大量现金的企业具有较强的偿债能力和承担风险的能力，因此，企业单位应该尽量多地持有现金。（　　）

3. 如果一个企业的短期资产比较多，短期负债比较少，说明短期偿债能力较弱。（　　）

判断题答案及解析

知识点2：现金管理

一、单选题

1. 使用成本分析模式确定现金持有规模时，在最佳现金持有量下，现金的（　　）。
   A. 机会成本与管理成本相等
   B. 机会成本与短缺成本相等
   C. 机会成本等于管理成本与短缺成本之和
   D. 短缺成本等于机会成本与管理成本之和

2. 乙公司使用存货模型确定最佳现金持有量。根据有关资料分析，2024年该公司全年现金需求量为8 100万元，每次现金转换的成本为0.2万元，持有现金的机会成本率为10%，最佳现金持有量为（　　）万元。
   A. 180　　　　　　　　　B. 100
   C. 800　　　　　　　　　D. 0

3. 某公司根据现金持有量的存货模式确定的最佳现金持有量为20 000元，有价证券的年利率为10%。在最佳现金持有量下，该公司与现金持有量相关的现金使用总成本为（　　）元。
   A. 10 000　　　　　　　B. 2 000
   C. 20 000　　　　　　　D. 4 000

4. 下列关于现金的说法中，不正确的是（　　）。
   A. 现金是指可以立即用来购买物品、支付各项费用或用来偿还债务的交换媒介或支付手段
   B. 现金包括库存现金和银行活期及定期存款
   C. 现金是流动资产中流动性最强的资产，可直接支用，也可立即投入流通
   D. 拥有现金较多的企业具有较强的偿债能力和承担风险的能力

单选题答案及解析

二、多选题

1. 运用成本模型确定企业最佳现金持有量时，现金持有量与持有成本之间的关系表现为（　　）。
  A. 现金持有量越小，总成本越大
  B. 现金持有量越大，机会成本越大
  C. 现金持有量越小，短缺成本越大
  D. 现金持有量越大，管理总成本越大

2. 在确定最佳现金持有量的存货模型中，需要考虑的相关现金成本有（　　）。
  A. 机会成本   B. 短缺成本
  C. 管理成本   D. 转换成本

3. 乙公司使用存货模型确定最佳现金持有量。根据有关资料分析，2024年该公司全年现金需求量为 8 100 万元，每次现金转换的成本为 0.2 万元，持有现金的机会成本率为 10%。最佳现金持有量的情形下，以下正确的有（　　）。
  A. 最佳现金持有量现金转化次数 = 8 100 ÷ 180 = 45（次）
  B. 最佳现金持有量现金交易成本 = 45 × 0.2 = 9（万元）
  C. 最佳现金持有量下持有现金的机会成本 180 ÷ 2 × 10% = 9（万元）
  D. 最佳现金持有量下的相关总成本 = 9 + 9 = 18（万元）

多选题答案及解析

三、判断题

1. 企业持有现金的动机包括交易动机、投机动机、预防动机。一笔现金余额只能服务于一个动机。（　　）

2. 利用成本模式确定最佳现金持有量，必须考虑机会成本、转换成本和短缺成本。（　　）

3. 当企业实际的现金余额与最佳的现金余额不一致时，可采用短期筹资策略或投资于有价证券等策略来达到理想状况。（　　）

判断题答案及解析

四、计算题

1. A 公司使用存货模型确定最佳现金持有量。根据有关资料分析，2023 年该公司全年现金需求量为 250 000 元，每次现金转换的成本为 500 元，持有现金的机会成本率为 10%。

要求：
(1) 计算最佳现金持有量。
(2) 计算最佳现金持有量下的现金转换次数。
(3) 计算最佳现金持有量下的现金交易成本。

(4) 计算最佳现金持有量下持有现金的机会成本。

(5) 计算最佳现金持有量下的相关总成本。

2. 已知：某公司现金收支平稳，预计全年（按 360 天计算）现金需要量为 360 000 元，现金与有价证券的转换成本为每次 300 元，有价证券年均报酬率为 6%。

要求：

(1) 运用存货模型计算最佳现金持有量。

(2) 计算最佳现金持有量下的最低现金管理相关总成本、全年现金交易成本和全年现金持有机会成本。

(3) 计算最佳现金持有量下的全年有价证券交易次数和有价证券交易间隔期。

五、案例分析题

ABC 公司现金管理策略中的社会责任与企业道德考量

ABC 公司是一家大型制造企业，在追求经济效益的同时，一直努力履行其社会责任并坚守企业道德。然而，随着市场环境的变化和公司内部策略的调整，ABC 公司面临着现金管理上的新挑战。当前，公司现金流入与流出不平衡，导致现金流紧张，这不仅影响了公司的正常运营，还可能对供应链上下游合作伙伴的权益产生不利影响。

在此背景下，ABC 公司意识到，单纯的利润追求已不再是唯一的经营目标，而应更多地考虑社会责任和企业道德。因此，公司决定对现金管理策略进行调整，以更好地平衡经济利益与社会责任。

具体来说，ABC 公司采取了以下措施：

加强与供应链上下游合作伙伴的沟通与合作，确保现金流的平稳运行，避免因现金流问题对合作伙伴造成不利影响。

在原材料采购和产品质量控制方面加大投入，优化采购和生产流程，减少环境污染，保护消费者权益，体现公司对环境保护和社会责任的重视。

制定符合企业道德和社会期望的现金管理政策，如确保支付供应商的款项及时、公平，不拖欠员工工资等，以树立企业良好的社会形象。

请思考：

1. 分析 ABC 公司在现金管理中如何体现对社会责任的关注和履行，并探讨这些措施对企业长远发展的影响。

2. 讨论现金管理在企业道德建设中的作用，并阐述如何在现金管理中融入企业道德元素。

知识点 3：应收账款管理

一、单选题

1. 在采用 5C 评估法进行信用评估时，最重要的因素是（　　）。
   A. 品质　　　　　　　　B. 能力
   C. 资本　　　　　　　　D. 抵押品

2. 下列关于信用期限的描述中，正确的是（　　）。
   A. 缩短信用期限，有利于销售收入的扩大
   B. 信用期限越短，企业坏账风险越大
   C. 信用期限越长，表明客户享受的信用条件越优
   D. 信用期限越短，应收账款的机会成本越高

3. 信用条件"2/10，n/30"表示（　　）。
   A. 信用期限为 10 天，折扣期限为 30 天
   B. 如果在开票后 10～30 天内付款可享受 2% 的折扣
   C. 信用期限为 30 天，现金折扣为 20%
   D. 如果在 10 天内付款，可享受 2% 的现金折扣

4. 企业如果采用较积极的收账政策，可能会（　　）应收账款投资，（　　）坏账损失，（　　）收账成本。
   A. 增加，增加，减少
   B. 减少，减少，增加
   C. 增加，减少，减少
   D. 减少，增加，增加

5. 不适当地延长信用期限，会给企业带来的不良后果是（　　）。
   A. 降低应收账款的机会成本
   B. 引起坏账损失和收账费用的增加
   C. 使得平均收账期缩短
   D. 造成销售萎缩

单选题答案
及解析

二、多选题

1. 下列关于应收账款的说法中，不正确的有（　　）。
   A. 销售和收款的时间差距，是发生应收账款的主要原因
   B. 商业竞争是发生应收账款的主要原因
   C. 应收账款发生后，企业应采取各种措施，尽量提前收回款项
   D. 制订应收账款的收账政策，要在收账费用和所减少的坏账损失之间进行权衡

2. 下列关于信用政策的说法中，正确的有（　　）。

A. 如果企业执行的信用标准过于严格，可能会限制公司的销售机会

B. 如果企业执行的信用标准过于宽松，可能会增加随后还款的风险并增加坏账费用

C. 公司的信用条件决定了其应收账款的水平

D. 企业现金折扣的确定，要与信用期间结合起来考虑

3. 信用条件是销货企业要求赊购客户支付货款的条件，其构成要素包括（　　）。

A. 信用期限　　　　　　B. 信用标准
C. 现金折扣　　　　　　D. 机会成本

4. 现金折扣是企业对顾客在商品价格上的扣减。向顾客提供这种价格上的优惠，可以达到的目的有（　　）。

A. 缩短企业的平均收款期
B. 扩大销售量
C. 增加收益
D. 减少成本

多选题答案及解析

三、判断题

1. 应收账款管理的基本目标，就是尽量减少应收账款的数量，降低应收账款投资的成本。（　　）

2. 收账费用支出越多，坏账损失越少，两者是线性关系。（　　）

3. 赊销是扩大销售的有力手段之一，企业应尽可能放宽信用条件，增加赊销量。（　　）

判断题答案及解析

四、计算题

1. 甲公司2023年度全年营业收入为4 500万元（全部为赊销收入），应收账款平均收现期为60天。公司产品销售单价为500元/件，单位变动成本为250元/件，若将应收账款所占用的资金用于其他风险投资，可获得的收益率为10%。2019年公司调整信用政策，全年销售收入（全部为赊销收入）预计增长40%，应收账款平均余额预计为840万元。假定全年按照360天计算。

要求：

（1）计算2023年应收账款平均余额。

（2）计算2023年应收账款的机会成本。

2. 东方公司目前采用30天按发票金额付款的信用政策。为了扩大销售，公司拟改变现有的信用政策（2/10，1/20，n/30），有关数据如表6-1所示。

表 6-1　　　　　　　　　东方公司的信用政策情况

项目	原信用政策	新信用政策
信用政策	n/30	2/10，1/20，n/30
年销售量（件）	72 000	79 200
年销售额（单价5元）	360 000	396 000
单位变动成本	4	4
可能发生的收账费用（元）	3 000	2 850
可能发生的坏账损失（元）	6 000	5 400

如果采用新信用政策，估计会有20%的顾客（按销售量计算，下同）在10天内付款、30%的顾客在20天内付款，其余的顾客在30天内付款。假设等风险投资的最低报酬率为10%；一年按360天计算。

要求：
（1）计算信用政策改变后的收益增加额；
（2）计算改变信用政策后应收账款机会成本增加额；
（3）计算改变信用政策后收账费用增加额；
（4）计算改变信用政策后坏账损失增加额；
（5）计算改变信用政策后现金折扣成本增加额；
（6）计算改变信用政策后税前损益的增加；
（7）根据以上计算结果，为该企业作出信用政策是否改变的决策。

计算题答案
及解析

五、案例分析题

XYZ公司应收账款管理优化策略探讨

XYZ公司是一家国际性的服装零售企业，近年来，随着市场竞争的加剧和消费者购买习惯的变化，公司面临着日益严重的应收账款管理挑战。目前，公司的应收账款金额逐年攀升，账龄结构不合理，部分客户拖欠款项时间过长，甚至存在坏账风险。这不仅增加了公司的资金占用成本，还对公司现金流和整体经营带来了较大的压力。

为了应对这一挑战，XYZ公司决定对应收账款管理进行全面优化。首先，公司计划加强客户信用评估，建立客户信用档案，对不同信用等级的客户采取不同的销售策略和收款政策。其次，公司将优化应收账款管理流程，加强审批和催收环节的管理，确保账款能够及时回收。最后，公司计划引入先进的应收账款管理软件，提高账款管理的信息化水平，实现实时监控和预警。

请思考：

1. 分析 XYZ 公司应收账款金额较大的主要原因，并探讨其对公司现金流和财务健康的潜在影响。

2. 讨论 XYZ 公司如何通过加强客户信用评估和优化管理流程来降低坏账风险，并评估这些措施的实施效果。

3. 假设你是 XYZ 公司的财务经理，请结合公司实际情况，制定一份全面的应收账款管理优化方案，并阐述其关键成功因素。

案例分析题
答案及解析

■ 知识点4：存货管理

一、单选题

1. 绿美公司管理层召开会议，对存货管理上的混乱决定加强管理，采用 ABC 控制法进行存货管理，作为具体执行人张恒应该重点控制的存货类别是（　　）。
　　A. 品种较多的存货　　　B. 数量较多的存货
　　C. 库存时间较长的存货　D. 单位价值较大的存货

2. 达能公司全年需用螺纹钢 18 000 吨，计划开工 360 天。该材料订货日到货日的时间为 5 天，保险储备量为 100 吨。该材料考虑保险储备量的再订货点是（　　）吨。
　　A. 100　　　　　　　　B. 150
　　C. 250　　　　　　　　D. 350

3. 在交货期内，如果存货需求量增加或供应商交货时间延迟，就可能发生缺货。为此，企业应保持的最佳保险储备量是（　　）。
　　A. 使保险储备的订货成本与持有成本之和最低的存货量
　　B. 使缺货损失和保险储备的持有成本之和最低的存货量
　　C. 使保险储备的持有成本最低的存货量
　　D. 使缺货损失最低的存货量

单选题答案
及解析

二、多选题

1. 缺货成本包括（　　）。
　　A. 材料供应中断造成的停工损失
　　B. 产成品库存缺货造成的拖欠发货损失
　　C. 主观估计的商誉损失
　　D. 紧急额外购入成本

2. 企业存货如果采取适时制（JIT）管理，则下列表述中正确的有（　　）。
　　A. 库存成本较低
　　B. 制造企业必须事先和供应商和客户协调好

多选题答案
及解析

C. 需要的是稳定而标准的生产程序以及与供应商的诚信

D. 供应商必须提前将企业生产所需要的原料或零件送来，避免企业缺货

三、判断题

1. 在进行存货规划时，安全储备的存在会影响经济订货批量的计算，同时会影响再订货点的确定。（   ）

2. 存货管理的目标是在保证生产和销售需要的前提下，最大限度地降低存货成本。（   ）

判断题答案及解析

四、计算题

1. 甲公司是一家制造类企业，全年平均开工 250 天。为生产产品，全年需要购买 A 材料 250 000 件，该材料进货价格为 150 元/件，每次订货需支付运费、订单处理费等变动费用 500 元，材料年储存成本为 10 元/件。A 材料平均交货时间为 4 天。该公司 A 材料满足经济订货基本模型各项前提条件。

要求：

（1）利用经济订货基本模型，计算 A 材料的经济订货批量和全年订货次数。

（2）计算按经济订货批量采购 A 材料的年存货相关总成本。

（3）计算 A 材料每日平均需用量和再订货点。

2. 假设某公司年需要 A 材料 16 000 件，每次订货成本为 140 元，每件年储存成本为 7 元，该材料采购单价为 30 元/件，一次订购在 2 000 件以上可获 2% 的折扣，在 5 000 件以上可获 3% 的折扣。求该公司经济订货批量。

计算题答案及解析

知识点 5：流动负债管理

一、单选题

1. 爱丽公司 2023 年取得为期 1 年的周转信贷额 2 000 万元，承诺费率为 0.4%。2023 年 1 月 1 日从银行借入 1 000 万元，7 月 1 日又借入 600 万元，如果年利率为 4%，则爱丽公司 2023 年末向银行支付的利息为（   ）万元。

A. 52　　　　　　　　　B. 61.2

C. 68.5　　　　　　　　D. 54.8

2. 下列关于银行短期借款的说法中，错误的是（   ）。

A. 银行资金充足，实力雄厚，能随时为企业提供比较多的

短期贷款

B. 银行短期借款的限制条件比较多，会构成对企业的限制

C. 银行短期借款的弹性较差，借款期限太短

D. 银行短期借款的资本成本比较高

3. 武华公司以"2/20，N/50"的信用条件购进原料一批，购进之后第60天付款，则企业放弃现金折扣的成本为（　　）。

A. 24% B. 24.49%

C. 18.37% D. 18%

单选题答案及解析

二、多选题

1. 按照国际通行做法，银行发放短期借款往往带有一些信用条件，主要有（　　）。

A. 周转授信协议 B. 借款抵押

C. 信贷额度 D. 补偿性余额

2. 关于短期银行借款的优缺点，下列说法中正确的有（　　）。

A. 银行短期借款具有较好的弹性，可以根据需要增加或减少借款

B. 短期借款的资本成本较高

C. 向银行借款的限制较少

D. 与商业信用筹资相比，短期借款的资本成本较低

3. 甲企业给客户A的信用条件为"1.5/10，n/30"，则下列说法正确的有（　　）。

A. 折扣期限为10天，现金折扣率为1.5%

B. 放弃现金折扣的成本为25.12%

C. 客户A面临一收益为25%的投资机会，则A应放弃折扣

D. 信用期限为30天

4. 下列各项中属于商业信用筹资形式的有（　　）。

A. 分期收款售货 B. 赊购商品

C. 预付货款 D. 预收货款

多选题答案及解析

三、判断题

1. 企业是否给客户延长信用期限主要看延长信用期限增加的销售利润是否超过增加的成本费用。（　　）

2. 周转授信协议借款不具有法律约束力，不构成银行必须给企业提供贷款的法律责任，而信用额度借款具有法律约束力，银行要承担额度内的贷款义务。（　　）

3. 信用额度是指商业银行和企业之间商定的在未来一段时间内银行必须向企业提供的无担保贷款。（　　）

判断题答案及解析

四、计算题

1. 丙商场季节性采购一批商品，供应商报价为1 000万元。付款条件为"3/10，2.5/30，N/90"。目前丙商场资金紧张，预计到第90天才有资金用于支付，若要在90天内付款只能通过借款解决，银行借款年利率为6%。假定一年按360天计算。有关情况如表6-2所示。

表6-2　　　　　丙商场利用商业信用情况　　　　金额单位：万元

付款日	折扣率	付款额	折扣额	放弃折扣的信用成本率	银行借款利息	享受折扣的净收益
第10天	3%	*	30	*	(A)	(B)
第30天	2.5%	*	(C)	(D)	*	15.25
第90天	0	1 000	0	0	0	0

注：表中"*"表示省略的数据。

计算题答案
及解析

要求：

(1) 确定表中字母代表的数值（不需要列示计算过程）；

(2) 请作出选择，并说明理由。

第七章
利润分配管理

■ 知识点1：利润的构成及利润分配的原则

一、单选题

1. 公司净利润的分配内容有：①弥补以前年度亏损；②提取法定公积金；③提取任意公积金；④向投资者分配股利（利润）。根据我国《公司法》及相关法律制度规定，其分配顺序是（ ）。
 A. ①②③④ B. ①②④③
 C. ②①④③ D. ④③②①

2. 某工业企业2023年度营业利润为2 520万元，主营业务收入为4 000万元，财务费用为10万元，营业外收入为60万元，营业外支出为50万元，所得税税率为25%。假定不考虑其他因素，该企业2023年度的净利润应为（ ）万元。
 A. 1 494 B. 1 897.5
 C. 1 505.6 D. 4 132.5

3. 以下关于利润分配的描述错误的是（ ）。
 A. 企业的利润分配必须以资本的保全为前提
 B. 企业当年无盈利，原则上不得分配股利
 C. 企业当年有盈利，即可进行股利分配
 D. 以企业的资本金进行的分配，属于一种清算行为，而不是利润的分配

4. "谁投资谁受益"所体现的分配原则是（ ）。
 A. 依法分配原则 B. 兼顾各方面利益原则
 C. 分配与积累并重原则 D. 投资与收益对等原则

单选题答案及解析

二、多选题

1. 下列各项中，构成企业的利润总额的有（ ）。

A. 营业利润 B. 投资净收益
C. 营业外收支 D. 所得税费用

2. 下列各项，影响企业利润总额的有（　　）。
A. 资产减值损失 B. 公允价值变动损益
C. 所得税费用 D. 营业外支出

3. 下列各项中，影响营业利润的项目有（　　）。
A. 营业外支出 B. 其他业务利润
C. 管理费用 D. 财务费用

4. 企业的收益分配应当遵循的原则包括（　　）。
A. 投资与收益对等原则 B. 资本保全原则
C. 依法分配原则 D. 分配与积累并重原则

多选题答案
及解析

判断题答案
及解析

三、判断题

1. 以企业的资本金进行的分配，属于一种利润分配行为。
（　　）
2. 企业在利润分配中，只需考虑企业投资者的利益。（　　）
3. 企业必须在有可供分配留存收益的情况下进行利润分配。
（　　）

■ 知识点2：股利理论

一、单选题

1. 下列各项股利分配理论中，认为企业应当采取高股利支付率政策的是（　　）。
A. 股利无关论 B. "一鸟在手"理论
C. 所得税差异理论 D. 信号传递理论

2. 某企业在选择股利政策时，以代理成本和外部融资成本之和最小化为标准。该企业所依据的股利理论是（　　）。
A. "一鸟在手"理论 B. 信号传递理论
C. 差别税收理论 D. 代理理论

3. 下列各项说法中，属于"一鸟在手"股利分配理论观点的是（　　）。
A. 股利政策相当于是协调股东与管理者之间代理关系的一种约束机制
B. 用留存收益再投资带给投资者的收益具有很大的不确定性
C. 公司可以通过股利政策向市场传递有关公司未来盈利能

力的信息
D. 股利政策不对公司的价值产生影响
4. 下列各项中，不属于股利剩余理论的假设条件的是（　　）。
    A. 投资者可自由、平等、无代价地获得公司信息
    B. 不存在公司企业所得税与个人所得税
    C. 不存在证券交易成本
    D. 股东偏好于获得股利收入而不是获得资本增值

单选题答案
及解析

二、多选题

1. 下列股利理论中属于股利相关论的有（　　）。
    A. "一鸟在手"理论　　　　B. MM 理论
    C. 信号传递理论　　　　　D. 差别税收理论
2. 下列各项中，属于股利相关论的有（　　）。
    A. "一鸟在手"理论　　　　B. 代理理论
    C. 信号传递理论　　　　　D. 差别税收理论
3. 下列各项中，认为企业的股利政策会影响到股票价格和公司价值的观点的，包括（　　）。
    A. "一鸟在手"理论　　　　B. 信号传递理论
    C. 代理理论　　　　　　　D. 差别税收理论

多选题答案
及解析

三、判断题

1. 代理理论认为，高支付率的股利政策有助于降低企业的代理成本，但同时也会增加企业的外部融资成本。（　　）
2. 股利相关理论认为，股利发放多少不会影响公司的股票价格。（　　）
3. 差别税收理论认为越少发放股利较好。（　　）
4. "一鸟在手"理论认为企业应实行低股利分配率的股利政策。（　　）
5. "一鸟在手"理论是一种股利无关论。（　　）
6. 在现实生活中，股利无关理论的相关假设是并不存在的。（　　）

判断题答案
及解析

知识点 3：股利政策

一、单选题

1. 企业在利润分配中，主要考虑了未来投资机会的影响的股利分配政策是（　　）。

A. 剩余股利政策

B. 固定股利政策

C. 固定股利支付率政策

D. 低正常股利加额外股利政策

2. 在下列公司中，通常适合采用剩余股利政策的是（   ）。

　　A. 收益显著增长的公司　　B. 收益相对稳定的公司

　　C. 财务风险较高的公司　　D. 投资机会较多的公司

3. 上市公司按照剩余股利政策发放股利的好处是（   ）。

A. 有利于投资者安排收入与支出

B. 有利于公司合理安排资金结构

C. 有利于公司稳定股票的市场价格

D. 有利于公司树立良好的形象

4. 公司采用固定股利政策发放的好处主要表现为（   ）。

　　A. 降低资金成本　　　　　B. 实现资本保全

　　C. 提高支付能力　　　　　D. 维持股价稳定

5. 按照剩余股利政策，假定某公司的最佳资本结构是权益资金60%，债务资金40%，明年计划投资 1 000 万元，该公司本年的净利润是 900 万元，法定盈余公积的计提比例是 10%，那么本年应该留存的利润是（   ）万元。

　　A. 540　　　　　　　　　　B. 510

　　C. 690　　　　　　　　　　D. 600

6. 一般而言，适用于采用固定股利政策的公司是（   ）。

A. 处于初创阶段的公司

B. 经营比较稳定的公司

C. 盈利水平波动较大的公司

D. 处于稳定发展阶段的公司

7. 在下列股利分配政策中，能保持股利与收益之间一定的比例关系，并体现多盈多分、少盈少分、无盈不分原则的是（   ）。

A. 剩余股利政策

B. 固定或稳定股利政策

C. 固定股利支付率政策

D. 低正常股利加额外股利政策

8. 下列各项中，属于固定股利支付率政策优点的是（   ）。

A. 股利分配有较大灵活性

B. 有利于稳定公司的股价

C. 股利与公司盈余紧密配合

D. 有利于树立公司的良好形象

9. 某有限公司的盈利水平具有随着经济周期而波动较大的特点，其适用的股利分配政策为（　　）。

　　A. 剩余股利政策

　　B. 固定股利额政策

　　C. 固定股利支付率政策

　　D. 低正常股利加额外股利政策

单选题答案及解析

二、多选题

1. 在实际工作中，企业通常可选择的股利发放政策有（　　）。

　　A. 剩余股利政策

　　B. 固定股利额政策

　　C. 固定股利支付率政策

　　D. 低正常股利加额外股利政策

2. 剩余股利政策的缺点在于（　　）。

　　A. 不利于投资者安排收入与支出

　　B. 不利于公司树立良好的形象

　　C. 公司财务压力较大

　　D. 不利于目标资本结构的保持

3. 下列关于固定股利支付率政策的说法中，正确的有（　　）。

　　A. 体现了多盈多分、少盈少分、无盈不分的股利分配原则

　　B. 从企业支付能力的角度看，这是一种不稳定的股利政策

　　C. 比较适用于那些处于稳定发展阶段且财务状况也较稳定的公司

　　D. 该政策下，能够保持股利与利润之间的一定比例关系

4. 下列关于固定股利支付率政策缺点的说法中，正确的有（　　）。

　　A. 容易给投资者传递一个公司经营不稳定的信号

　　B. 容易造成公司信用地位下降、股票价格下跌

　　C. 容易动摇股东对企业的投资信心

　　D. 不利于公司的市场形象与股票价格的维护

5. 下列关于低正常股利加额外股利政策的说法中，正确的有（　　）。

　　A. 采用该政策的优点是给予了公司较大的灵活性

　　B. 当公司盈利不佳时，则可以不必支付额外股利

　　C. 额外股利与盈利水平有关，而且时多时少，给人不稳定的感觉

　　D. 通过支付额外股利，公司向投资者传递公司盈利的状况

多选题答案及解析

三、判断题

1. 剩余股利政策能保持最佳的资本结构，使企业价值长期最大化，其依据是股利相关论。（　　）
2. 固定股利支付率政策可给企业较大的财务弹性。（　　）
3. 相对来说，对那些盈利水平随着经济周期波动较大的公司，"低正常股利加额外股利政策"也许是一种不错的选择。（　　）
4. 剩余股利政策体现了风险投资与风险收益对等的原则。（　　）

判断题答案及解析

四、案例分析题

警惕高送转背后的"套路"

高比例的送红股和资本公积金转增股本简称"高送转"。不同于国外公司重视现金股利，我国的一些上市公司更热衷于送红股及资本公积转增股本，而且部分公司分派或转增比例非常高。在高压监管的态势下，市场对高送转现象的反应已经逐渐趋于理性，但仍有部分公司借此炒作，其中偏离基本面、与成长性严重不匹配的高送转屡见不鲜。这不仅扭曲了价值投资的理念，也容易滋生内幕交易、利益输送等严重损害投资者合法权益的违规行为。

为了帮助投资者更好了解异常高送转的操作手法，我们对几种高送转可能伴生的违规情形进行了梳理，以帮助投资者认清"套路"，了解炒作风险。

表现一：炮制题材，操纵股价。

上市公司的股票价格对于上市公司或其大股东进行资本运作有很大的影响。比如，上市公司非公开发行股票，特定时间段的股票价格将作为股票发行价格的重要依据；又比如，大股东拟通过股票质押方式进行融资的，股票价格也对其融资金额有重要影响。所以，为达到使股价快速上升的目的，即便高送转与公司基本面严重不匹配，部分上市公司还是会利用高送转为非公开发行"托价"，或者帮大股东股票质押"托底"。

表现二：内幕交易，暗箱操作。

常见的操作手法一般是内幕知情人在上市公司利润分配预案披露前买入股票，然后利用高送转题材刺激股价，待公司股价拉高后择机抛售；或者采取上市公司在业绩下滑信息公开披露前推出高送转"利好"，掩护业绩信息的内幕知情人"出货"。比如已被证监会开出罚单的海润光伏，公司实际控制人、部分股东及公司高管作为海润光伏2014年度业绩预亏这一内幕信息的知情人，在内幕信息敏感期内,利用高送转题材炒作并借机大举减持。随后不久海润光伏发布预亏 8 亿元的公告,股价一度暴跌,许多不明真相的投资者遭受了损失。

表现三:倾力配合,利益输送。

利用高送转配合重要股东减持套现的手法可谓层出不穷,甚至有减持与高送转已经形成了"固定套餐"的说法。有的上市公司实际控制人或大股东为了高价减持,有"节奏"地发布高送转等"利好"消息抬高股价。尽管每一次减持前都进行信息披露,但其"利好"消息的释放行为总伴随着实际控制人或大股东的减持,从中长期来看,其动机和操作手法都十分可疑,不排除有利益输送的嫌疑。

表现四:造低价幻觉,引投资者接盘。

上市公司进行高送转,经过除权之后股票价格将调低。这一"降价"效应可能会刺激投资者,尤其是具有低股价偏好的投资者。有相关数据显示,高送转预案披露后,中小投资者净买入增加,超大户和机构投资者则从预案披露后持续净卖出甚至大幅减仓。这种情形可能是由于中小投资者容易被股票名义价格所影响从而改变投资决策,而机构投资者一般理性程度相对较高,但也不排除部分机构或超大户利用中小投资者的"名义价格幻觉"采取反向策略获利。最终,在高位买入的中小投资者被迫就成了"接盘侠"。

请结合资料,谈谈你是怎么理解高比例的送红股和资本公积金转增股本的?理论上它对股价和股东财富应该有何影响?为什么有些投资者会投资这些高送转股票?

案例分析题
答案及解析

知识点 4:影响股利政策的因素、股利支付程序和支付方式

一、单选题

1. ( ) 要求公司不能用原始投资额发放股利。
   A. 资本保全约束   B. 偿债能力约束
   C. 资本积累约束   D. 超额累积利润约束

2. 基于( )考虑,公司的股利政策应保持一定的稳定性和连续性。
   A. 资本成本   B. 投资需求
   C. 盈利的稳定性   D. 股利政策的惯性

3. 投资者购买股票的最迟日期是( )。
   A. 除息日   B. 股权登记日
   C. 股利宣告日   D. 股利发放日

4. 在( )的股票交易,其交易价格会下降。

A. 股利宣告日   B. 股权登记日
C. 除息日   D. 股利支付日

5. 领取股利的权利与股票相分离的日期是（   ）。

A. 股利宣告日   B. 股权登记日
C. 除息日   D. 股利支付日

6. 如果上市公司以其应付票据作为股利支付给股东，则这种股利的支付方式称为（   ）。

A. 现金股利   B. 股票股利
C. 财产股利   D. 负债股利

7. 对于公司而言，不会导致公司股东权益减少的股利支付方式是（   ）。

A. 现金股利   B. 财产股利
C. 负债股利   D. 股票股利

单选题答案及解析

二、多选题

1. 综观国内外的相关法规，对股利分配的要求主要体现在（   ）等方面。

A. 资本保全约束   B. 偿债能力约束
C. 资本积累约束   D. 超额累积利润约束

2. 某上市公司于 2024 年 4 月 10 日公布 2010 年度的分红方案，其公告如下："2024 年 4 月 9 日在北京召开的股东大会，通过了董事会关于每股分派 0.15 元的 2023 年股息分配方案。股权登记日为 4 月 25 日，除息日为 4 月 26 日，股东可在 5 月 10 日至 25 日之间通过深圳证券交易所按交易方式领取股息。特此公告。"下列说法正确的有（   ）。

A. 4 月 26 日之前购买的股票才能领取本次股利
B. 5 月 10 日之前购买的股票都可以领取本次股利
C. 5 月 25 日之前购买的股票都可以领取本次股利
D. 能够领取本次股利的股东必须在 4 月 25 日之前（包含 4 月 25 日）登记

3. 股份有限公司股利支付的程序包括（   ）。

A. 除息日   B. 股权登记日
C. 股利宣告日   D. 股利支付日

4. 在确定企业的利润分配政策时，应当考虑各种相关因素的影响，其中法律因素的相关要求主要体现在（   ）。

A. 资本保全约束   B. 偿债能力约束
C. 资本积累约束   D. 避税

5. 在决定公司收益分配政策时，通常考虑的股东因素有（   ）。

A. 筹资成本　　　　　　B. 稳定的收入
C. 防止公司控制权旁落　D. 投资机会

6. 目前，在我国公司实务中很少使用的股利支付形式包括（　　）。
A. 现金股利　　　　　　B. 财产股利
C. 负债股利　　　　　　D. 股票股利

三、判断题

1. 在除息日购入公司股票的投资者不能享有已宣布发放的股利。（　　）

2. 在股利支付程序中，除息日是指领取股利的权利与股票分离的日期，在除息日购买股票的股东有权参与当次股利的分配。（　　）

3. 股权登记日是股票的所有权和领取股息的权利分离的日期。（　　）

4. 只有在股利支付日前在公司股东名册上有名的股东，才有权分享股利。（　　）

5. 以发行公司债券的方式支付股利属于支付财产股利。（　　）

6. 发放股票股利可以促进公司股票的交易和流通。（　　）

7. 只要公司有足够的现金，就可以采用现金股利形式发放股利。（　　）

8. 股票股利不会引起公司资产的流出或负债的增加，但会相起股东权益总额的变化。（　　）

9. 股份有限公司支付股利的形式只有现金股利和股票股利两种。（　　）

知识点5：股票分割与股票回购

一、单选题

1. 下列关于股票分割的表述中，不正确的是（　　）。
   A. 改善企业资本结构
   B. 使公司每股市价降低
   C. 有助于提高投资者对公司的信心
   D. 股票面值变小

2. 下列关于股票分割和股票股利的共同点的说法中，不正确的是（　　）。
   A. 均可以促进股票的流通和交易

B. 均有助于提高投资者对公司的信心

C. 均会改变股东权益内部结构

D. 均对防止公司被恶意收购有重要的意义

3. 下列关于发放股票股利和股票分割的说法不正确的是（　　）。

　　A. 都不会对公司股东权益总额产生影响

　　B. 都会导致股数增加

　　C. 都会导致每股面额降低

　　D. 都可以达到降低股价的目的

4. 下列各项中，会导致流通在外的普通股股数增加，但不改变公司资本结构的是（　　）。

　　A. 支付现金股利　　　　　B. 增发普通股

　　C. 股票分割　　　　　　　D. 股票回购

5. 下列关于股票回购方式的说法中，正确的是（　　）。

　　A. 公司在股票的公开交易市场上按照高出股票当前市场价格的价格回购

　　B. 公司在股票的公开交易市场上按照公司股票当前市场价格回购

　　C. 公司在特定期间向市场发出以低于股票当前市场价格的某一价格回购既定数量股票的要约

　　D. 公司以协议价格向所有股东回购股票

6. 下列各项中，不属于股票回购对上市公司影响的是（　　）。

　　A. 容易导致资产流动性降低，影响公司的后续发展

　　B. 在一定程度上巩固了对债权人利益的保障

　　C. 可能损害公司的根本利益

　　D. 容易加剧公司行为的非规范化，使投资者蒙受损失

7. 下列不属于股票回购动机的是（　　）。

　　A. 改变企业资本结构

　　B. 基于控制权的考虑

　　C. 降低股价，吸引更多的投资人

　　D. 现金股利的替代

8. 下列各项中，不属于股票回购方式的是（　　）。

　　A. 现金回购　　　　　　　B. 协议回购

　　C. 公开市场回购　　　　　D. 要约回购

单选题答案及解析

二、多选题

1. 下列有关股票分割的表述中，不正确的有（　　）。

　　A. 股票分割的结果会使股数增加、股东权益增加

　　B. 股票分割的结果使股东权益各账户的余额发生变化

C. 股票分割会使每股收益和每股市价降低

D. 股票分割不影响股票每股面值

2. 在净利润和市盈率不变的情况下，公司实行股票分割导致的结果有（　　）。

　　A. 每股收益减少　　　　B. 每股面额不变

　　C. 每股市价提高　　　　D. 每股净资产降低

3. 股票分割对股东的意义包括（　　）。

　　A. 股票分割后，只要每股现金股利的下降幅度小于股票分割幅度，股东仍能多获得现金股利

　　B. 股票分割向社会传递有利消息，降低了股价反而促使购买股票的人增加，股价上扬，进而增加股东财富

　　C. 降低股价，传递有利消息，吸引更多的投资者

　　D. 传递继续发展的消息

4. 股票股利和股票分割均会使（　　）。

　　A. 股价下降　　　　　　B. 股东权益总额减少

　　C. 普通股股数增加　　　D. 每股收益下降

5. 按照我国《公司法》的规定，下列情形中，可以进行股票回购的有（　　）。

　　A. 减少公司注册资本

　　B. 与持有本公司股份的其他公司合并

　　C. 将股份奖励给本公司职工

　　D. 股东因对股东大会作出的合并、分立决议持异议，要求公司收购其股份

6. 一般情况下，公司进行股票回购主要通过（　　）进行。

　　A. 公开市场回购　　　　B. 要约回购

　　C. 协议回购　　　　　　D. 转换回购

三、判断题

1. 股票分割不仅有利于促进股票流通和交易，而且有助于提高投资者对公司股票的信心。　　　　　　　　　　　　　（　　）

2. 股票分割会使股票的每股市价下降，可以提高股票的流动性。　　　　　　　　　　　　　　　　　　　　　　　（　　）

3. 股票分割，是指将多股股票合并为一股股票的行为，会提高股票的流通性。　　　　　　　　　　　　　　　　　（　　）

4. 在其他条件不变的情况下，股票分割会使发行在外的股票总数增加，进而降低公司资产负债率。　　　　　　　　（　　）

5. 上市公司可以随意回购本公司的股份。　　　　　　（　　）

6. 股票回购使流通在外的股份数变少,增加被收购的风险。
( )

7. 股票回购会改变公司的资本结构,而股票分割后股东权益总额及其内部结构都不会发生任何变化。
( )

四、案例分析题

中国证券监督管理委员会修订发布《上市公司股份回购规则》

2023年12月,为更好顺应市场实际和公司需求,增强回购制度包容度和便利性,推动上市公司重视回购、实施回购、规范回购,积极维护公司价值和股东权益,证监会修订发布《上市公司股份回购规则》,对部分条款予以优化完善。

本次修订的主要内容包括:一是着力提高股份回购便利度,放宽并增设一项为维护公司价值及股东权益所必需而回购股份的条件,取消禁止回购窗口期的规定,适度放宽上市公司回购基本条件,优化回购交易申报的禁止性规定。二是进一步健全回购约束机制,鼓励上市公司形成实施回购的机制性安排,明确触及为维护公司价值及股东权益所必需回购情形时的董事会义务。三是进行适应性文字性修改。前期,证监会已就规则修订向社会公开征求意见,各方总体表示认可支持。

股份回购作为资本市场的一项基础性制度安排,具有优化资本结构、维护公司投资价值、健全投资者回报机制等方面的功能作用。证监会鼓励上市公司依法合规运用回购工具,积极回报投资者,促进市场稳定健康发展,同时也将加大回购的事中事后监管,对利用回购实施内幕交易、操纵市场等违法行为的,依法严厉查处。

请讨论推动上市公司重视回购、实施回购、规范回购,与公司股价有何关系,如何能维护公司价值和股东权益?

案例分析题答案及解析

第八章

预 算 管 理

知识点1：预算管理的概述

一、单选题

1. 预算管理的主体是（　　）。
   A. 企业管理层　　　　　　B. 经营活动
   C. 预算方法　　　　　　　D. 经营目标
2. 下列选项中，属于经营预算的是（　　）。
   A. 预计资产负债表　　　　B. 预计利润表
   C. 资金预算　　　　　　　D. 销售预算
3. 预算的作用不包括（　　）。
   A. 通过规划、控制和引导经济活动，使企业经营达到预期目标
   B. 可以实现企业内部各个部门之间的协调
   C. 是业绩考核的重要依据
   D. 可以将资源分配给获利能力相对较高的相关部门
4. （　　）是预算期内企业财务活动、经营成果和财务状况方面的预算。
   A. 经营预算　　　　　　　B. 投资预算
   C. 财务预算　　　　　　　D. 结构预算

单选题答案及解析

二、多选题

1. 预算的主要内容包括（　　）。
   A. 经营预算　　　　　　　B. 投资预算
   C. 财务预算　　　　　　　D. 结构预算
2. 下列各项预算中，一般为短期预算的有（　　）。
   A. 经营预算　　　　　　　B. 财务预算

C. 总预算 D. 专门决策预算

3. 下列选项中，构成预算工作组织的有（　　）。
   A. 决策层　　　　　　　　B. 管理层
   C. 考核层　　　　　　　　D. 执行层

多选题答案
及解析

三、判断题

1. 销售预算属于财务预算。（　　）
2. 预算管理涉及企业经济活动的方方面面，是一项全员参与、全方位管理、全过程控制的综合性和系统性的管理活动。（　　）
3. 预算按预算的主体可分为部门预算和总预算。（　　）
4. 固定预算也称静态预算，是以预算期内的某一业务量水平为既定基础编制的预算。（　　）

判断题答案
及解析

知识点2：增量预算法与零基预算法

一、单选题

1. 可能导致无效费用开支不能得到有效控制的预算编制方法是（　　）。
   A. 增量预算法　　　　　　B. 静态预算法
   C. 固定预算法　　　　　　D. 定期预算法

2. 下列关于增量预算和零基预算的说法中，不正确的是（　　）。
   A. 增量预算是在基期水平的基础上编制的，可能导致预算不准确
   B. 增量预算的前提之一是原有的各项业务都是合理的
   C. 用零基预算编制费用预算时，不考虑以往期间的费用数额，但要考虑以往的费用项目
   D. 增量预算不利于调动各部门达成预算目标的积极性

3. 某公司编制预算的时候考虑到本年生产任务增长10%，所以制造费用就在上一年30万元的基础上编制为30×（1+10%）=33（万元）。其采用的预算编制方法是（　　）。
   A. 增量预算法　　　　　　B. 零基预算法
   C. 固定预算法　　　　　　D. 弹性预算法

单选题答案
及解析

二、多选题

1. H公司董事会在讨论该公司2023年预算方案时，甲董事提到不能考虑以往会计期间所发生的成本费用，从2023年经营过程的实际需要考虑，重新逐项审议各项开支。下列选项中，属于甲董事提到

的预算方法优点的有（　　）。

A. 更贴近企业经营管理实际情况

B. 能够灵活应对内外环境的变化

C. 有利于进行预算控制

D. 实现动态反映市场

2. 下列关于零基预算的描述中，正确的有（　　）。

A. 可能导致无效费用开支

B. 不受现有项目的限制

C. 有助于增加预算编制的透明度，有利于进行预算控制

D. 不受历史期经济活动中的不合理因素的影响

3. 下列选项中，属于零基预算法优点的有（　　）。

A. 不受现有费用项目的限制

B. 有利于促使预算单位合理利用资金

C. 不受现有预算的约束

D. 编制预算的工作量小

多选题答案
及解析

三、判断题

1. 零基预算法的优点是编制工作量小。（　　）

2. 增量预算法考虑了基期预算的实际执行情况，所编制的预算易于得到企业各层级领导、员工的理解和认同。（　　）

3. 增量预算编制不受前期费用项目和费用水平的限制。（　　）

判断题答案
及解析

知识点3：固定预算法与弹性预算法

一、单选题

1. 用列表法编制弹性预算时，下列说法中，不正确的是（　　）。

A. 不管实际业务量是多少，不必经过计算即可找到与业务量相近的预算成本

B. 用以控制成本较为方便

C. 评价和考核实际成本时往往需要使用插值法计算实际业务量的预算成本

D. 便于在一定范围内计算任何业务量的预算成本

2. 在各类预算编制方法中，固定预算法是指（　　）。

A. 使预算期始终保持为一个固定长度的预算方法

B. 以预算期正常的、最可实现的某一业务量水平为固定基础来编制预算的方法

C. 以不变的预算期间作为预算期的预算方法

单选题答案
及解析

D. 不以基期成本费用水平为基础的预算方法

二、多选题

1. 下列关于弹性预算法的说法中，正确的有（　　）。
   A. 实务中主要用于编制成本费用预算和利润预算
   B. 能够保证预算期间与会计期间相对应
   C. 更贴近企业经营管理实际情况
   D. 编制的工作量比固定预算法大
2. 在进行弹性预算编制时，可以采用的方法有（　　）。
   A. 公式法　　　　　　　　B. 因素分析法
   C. 销售百分比法　　　　　D. 列表法

多选题答案及解析

三、判断题

1. 弹性预算的编制方法包括公式法和列表法，其中列表法的优点是可比性和适应性强。（　　）
2. 需要按成本性态分析的方法将企业成本分为固定成本和变动成本的预算编制方法是弹性预算。（　　）
3. 固定预算法又称静态预算法，是指在编制预算时，只根据预算期内正常、可实现的某一固定的业务量（如生产量、销售量等）水平作为唯一基础来编制预算的方法。（　　）

判断题答案及解析

知识点4：定期预算法与滚动预算法

一、单选题

1. 下列选项中，需要根据上一期预算执行情况和新的预测结果进行编制预算的预算方法是（　　）。
   A. 增量预算法　　　　　　B. 弹性预算法
   C. 滚动预算法　　　　　　D. 零基预算法
2. 下列选项中，不受会计年度制约，预算期始终保持在一定时间跨度的预算方法是（　　）。
   A. 固定预算法　　　　　　B. 弹性预算法
   C. 定期预算法　　　　　　D. 滚动预算法
3. 下列关于定期预算和滚动预算的说法中，不正确的是（　　）。
   A. 定期预算编制预算的时间不变，一般以一个会计年度为一个完整的预算期

单选题答案及解析

B. 定期预算便于预算管理和考核企业
C. 定期预算能够及时反映企业的变化
D. 滚动预算能够保持预算的持续性

二、多选题

1. 下列关于预算编制方法的说法中，不正确的有（　　）。
   A. 按出发点的特征不同，编制预算的方法可分为增量预算法和定期预算法
   B. 按业务量基础的数量特征不同，编制预算的方法可分为零基预算法和弹性预算法
   C. 按预算期的时间特征不同，编制预算的方法可分为定期预算法和滚动预算法
   D. 按业务量基础的数量特征不同，编制预算的方法可分为固定预算法和滚动预算法

2. 短期预算可采用定期预算法编制，该方法（　　）。
   A. 有利于前后各个期间的预算衔接
   B. 可以适应连续不断的业务活动过程的预算管理
   C. 有利于按财务报告数据考核和评价预算的执行结果
   D. 使预算期间与会计期间在时期上配比

3. 滚动预算的编制按其滚动的时间单位不同，可分为（　　）。
   A. 逐月滚动　　　　B. 逐季滚动
   C. 混合滚动　　　　D. 逐年滚动

多选题答案及解析

三、判断题

1. 由于能够使预算期间与会计期间相对应，定期预算法有利于企业长远打算，有利于企业长期稳定发展。（　　）
2. 滚动预算中的逐月滚动编制方法是滚动编制的，编制时补充下一个月的预算即可，不需要对中间月份的预算进行调整。（　　）

判断题答案及解析

知识点5：营业预算的编制

一、单选题

1. 下列关于制造费用预算的说法中，不正确的是（　　）。
   A. 制造费用预算通常分为变动制造费用预算和固定制造费用预算两部分
   B. 固定制造费用需要逐项进行预计，通常与本期产量无关，按每季度实际需要的支付额预计，然后求出全年数

  C. 制造费用都会导致现金的流出

  D. 为了便于以后编制资金预算，需要预计现金支出

 2. 在直接人工预算中，预计产量数据来自（　　）。

  A. 制造费用预算　　　　　　B. 生产预算

  C. 直接材料预算　　　　　　D. 销售预算

单选题答案及解析

二、多选题

 1. 编制生产预算中的"预计生产量"项目时，需要考虑的因素有（　　）。

  A. 预计销售量　　　　　　　B. 预计期初产成品存货

  C. 预计期末产成品存货　　　D. 前期实际销售量

 2. 下列关于管理费用预算的说法中，正确的有（　　）。

  A. 管理费用的数额随销售额的变动而变动

  B. 管理费用是搞好一般管理业务所必要的费用

  C. 在编制管理费用预算时，要分析企业的业务成绩和一般经济状况，务必做到费用合理化

  D. 必须充分考察每种费用是否必要，以便提高费用效率

 3. 下列计算公式中，正确的有（　　）。

  A. 某种材料采购量 = 生产需用量 + 期末存量 – 期初存量

  B. 预计生产量 = 预计销售量 + 预计期末产成品存货 – 预计期初产成品存货

  C. 本期销售商品所收到的现金 = 本期的销售收入 + 期末应收账款 – 期初应收账款

  D. 本期购货付现 = 本期购货付现部分 + 以前期赊购本期付现的部分

 4. 下列选项中，不属于直接材料预算的编制基础的有（　　）。

  A. 销售预算　　　　　　　　B. 生产预算

  C. 直接人工预算　　　　　　D. 资金预算

 5. 下列预算的编制与生产预算存在直接联系的有（　　）。

  A. 直接材料预算　　　　　　B. 产品成本预算

  C. 专门决策预算　　　　　　D. 直接人工预算

多选题答案及解析

三、判断题

 1. 经营预算是全面预算编制的起点，因此专门决策预算应当以经营预算为依据。　　　　　　　　　　　　　　　　　　　　（　　）

 2. 直接人工预算既要反映人工工时消耗水平，又要反映人工成本。　　　　　　　　　　　　　　　　　　　　　　　　　　（　　）

 3. 在产品成本预算中，产品成本总预算金额是将直接材料、直

判断题答案及解析

接人工、制造费用以及销售与管理费用的预算金额汇总相加而得到的。（　　）

4. 在编制管理费用预算时，一般是以过去的实际开支为基础，按预算期的可预见变化来调整。（　　）

四、计算题

某企业编制直接材料预算，预计第四季度期初应付账款为10 000元，年末应付账款为8 160元。第四季度期初直接材料存量为500千克，该季度生产需用量为3 500千克，预计期末存量为400千克，材料单价为8元。该企业预计第四季度采购现金支出为多少元？

计算题答案及解析

知识点6：财务预算的编制

一、单选题

1. 全面预算编制的终点是（　　）。
   A. 专门决策预算　　　B. 预计利润表
   C. 预计资产负债表　　D. 资金预算

2. 财务预算是企业的综合性预算，下列选项中，不属于财务预算的是（　　）。
   A. 现金预算　　　　　B. 利润表预算
   C. 资产负债表预算　　D. 销售预算

单选题答案及解析

二、多选题

1. 下列选项中，属于财务预算的有（　　）。
   A. 现金预算　　　　　B. 利润表预算
   C. 资产负债表预算　　D. 销售预算

2. 下列选项中，属于预计利润表编制依据的有（　　）。
   A. 销售预算　　　　　B. 资金预算
   C. 产品成本预算　　　D. 预计资产负债表

3. 下列选项中，属于资金预算中现金支出的有（　　）。
   A. 支付所得税费用　　B. 经营性现金支出
   C. 资本性现金支出　　D. 股利分配支出

多选题答案及解析

三、判断题

1. 专门决策预算主要反映项目投资与筹资计划，是编制资金预算和预计资产负债表的依据之一。（　　）

2. 企业资金预算中，预测出了现金余缺也就完成了资金预算的

编制。　　　　　　　　　　　　　　　　　　　　　　　　　　　（　）

3. 预计资产负债表需要以计划期开始日的资产负债表为基础，它是编制全面预算的终点。（　）

4. 年度预算经批准后，原则上不做调整。当内外战略环境发生重大变化或突发重大事件等，导致预算编制的基本假设发生重大变化时，可进行预算调整。（　）

5. 企业预算在执行过程中，对无合同、无凭证、无手续的项目支出，应当按照预算管理制度规范支付程序。（　）

6. 在预计利润表的编制过程中，"所得税费用"项目的数据是根据"利润总额"乘以所得税税率计算出来的，与资金预算中的"所得税费用"项目不同。（　）

判断题答案及解析

四、计算题

1. 某企业应收账款收款模式如下：销售当月收回销售额的50%，销售后的第1个月收回销售额的30%，销售后的第2个月收回销售额的20%。已知2023年1~3月的销售额分别为20万元、30万元、40元。根据以上资料估计3月的现金流入为多少万元。

2. 某公司着手编制2023年9月的现金收支计划。预计2023年9月月初现金余额为8 000元；月初应收账款为4 000元，预计月内可收回80%；9月销货为50 000元，预计月内收款比例为50%；9月采购材料为8 000元，预计月内付款70%；月初应付账款余额为5 000元，需在月内全部付清；月内以现金支付工资为8 400元；9月制造费用等间接费用付现为16 000元；其他经营性现金支出为900元；购买设备支付现金为10 000元。企业现金不足时，可向银行借款，借款金额为1 000元的倍数；现金多余时可购买有价证券。月末现金余额不低于5 000元。

计算题答案及解析

要求：
（1）计算经营现金收入。
（2）计算经营现金支出。
（3）计算现金余缺。
（4）确定最佳资金筹措或运用数额。
（5）确定现金月末余额。

五、案例分析题

A建筑企业预算管理中的问题及解决方法探析

建筑工程项目的施工预算管理是指工程的管理人员根据自身项目的施工特点，对建设项目实行有效的造价管控，并通过科学的协调管理措施让企业的工程项目能够更加明确,提升企业的项目经营效益。在建筑预算的管理工作中,依据现成的施工环境和施工设备在工程项目的各个环节,通过一定的方式进行系统的优化配置,从而使建设项目更为科学合理,同时也有利于提升建设工程的总体质量和建设效益。对于建筑工程而言,预算管理的作用可谓举足轻重。

建筑企业的工作量比较繁重,涉及的工作内容及资金使用情况比较复杂,在日常的建筑工作中,建筑部门很容易出现因资金不够而不得不停工的现象,甚至有些建筑企业还会为了追求短期的收益,在建筑施工过程中偷工减料,导致建筑工程质量不达标,出现危楼、烂尾的情况。因此,在 A 建筑企业的具体工作开展前,需要对一切因素进行评估,将企业未来可能遇到的风险程度以及承受风险的能力进行判断,将工作开展的详细方法进行罗列,依据科学合理的方式来确定工作的方向和开展相关的工作。由此可见,企业的预算管理不仅能够明确工作开展的方向,还能够提前做出预防方案,从而使得工作能够稳定开展,让企业获得较好的收益。拥有更为广阔的发展前景,能够"逆流而上",作为建筑企业更应该加快速度完善企业内部的预算管理制度。

案例分析题
答案及解析

结合上述案例并查找相关资料,回答下列问题:
1. 建筑企业在全面预算管理工作中人员层面存在的问题有哪些?
2. 针对全面预算中的问题,如何提升人员的工作素养?

第九章 财务分析与评价

知识点1：财务分析概述、依据及方法

一、单选题

1. 财务分析的局限性不包括（　　）。
    A. 财务报表本身的局限性　　B. 财务报表的可靠性问题
    C. 财务分析的比较基础问题　　D. 财务分析的目的

2. 连环替代法属于（　　）。
    A. 因果判断法　　B. 比较分析法
    C. 比率分析法　　D. 因素分析法

3. 某企业2023年10月某种原材料费用的实际数为4 620元，而其计划数为4 000元。实际比计划增加620元。原材料费用由产品产量、单位产品材料消耗量和材料单价三个因素的乘积组成。计划产量是100件，实际产量是110件；单位产品计划材料消耗量是8千克；实际消耗量是7千克；材料计划单价为5元/千克，实际单价为6元/千克。企业用差额分析法按产品产量、单位产品材料消耗量和材料单价的顺序进行分析，则下列说法中，正确的是（　　）。
    A. 产量增加导致材料费用增加560元
    B. 单位产品材料消耗量差异使得材料费用增加550元
    C. 单价提高使得材料费用增加770元
    D. 单价提高使得材料费用增加550元

单选题答案
及解析

二、多选题

1. 下列选项中，属于财务分析方法的有（　　）。
    A. 因果判断法　　B. 比较分析法
    C. 比率分析法　　D. 因素分析法

2. 判别财务指标优劣的标准有（　　）。

A. 以经验数据为标准
B. 以历史数据为标准
C. 以同行业数据为标准
D. 以本企业预定数据为标准

3. 下列选项中，属于相关比率的有（ ）
A. 流动资产占资产总额的百分比
B. 销售利润率
C. 资产负债率
D. 流动比率

三、判断题

1. 财务分析中，通过对比两期或连续数期财务报告中的相同指标，以说明企业财务状况或经营成果变动趋势的方法称为比较分析法。（ ）

2. 采用比较分析法进行财务分析时，应该剔除偶发性项目的影响。（ ）

3. 因素分析法包括连环替代法和差额分析法，它们之间不存在联系。（ ）

知识点2：偿债能力分析

一、单选题

1. 公司判断短期偿债能力时应使用的指标是（ ）。
A. 资产负债率　　　　　B. 流动比率
C. 成本利润率　　　　　D. 负债构成比率

2. 下列选项中，不属于速动资产的是（ ）。
A. 现金　　　　　　　　B. 流动比率
C. 应收账款　　　　　　D. 交易性金融资产

3. 某公司目前的流动资产为300万元，流动比率为1.5，则营运资金为（ ）万元。
A. 300　　　　　　　　B. 200
C. 100　　　　　　　　D. 150

4. 下列关于资产负债率、权益乘数和产权比率（负债/所有者权益）之间关系的表达式中，正确的是（ ）。
A. 资产负债率 + 权益乘数 = 产权比率
B. 资产负债率 − 权益乘数 = 产权比率
C. 资产负债率 × 权益乘数 = 产权比率

D. 资产负债率÷权益乘数=产权比率

5. 某企业目前的资产负债率为80%，资产总额为5 000万元，管理当局认为财务风险较大，打算使年底时资产对负债的保障程度提高1倍。预计年底的资产总额为12 000万元，则年底的负债总额为（　　）万元。

　　A. 6 000　　　　　　　　　　B. 4 800
　　C. 5 000　　　　　　　　　　D. 8 000

单选题答案及解析

二、多选题

1. 下列选项中，属于速动资产的有（　　）。
　　A. 货币资金　　　　　　　　B. 交易性金融资产
　　C. 应收账款　　　　　　　　D. 预付账款
2. 下列关于现金比率的说法中，不正确的有（　　）。
　　A. 现金比率是货币资金与流动负债的比值
　　B. 现金比率剔除了应收账款对偿债能力的影响，最能反映企业直接偿付流动负债的能力
　　C. 现金比率越高越好
　　D. 表明每一元流动负债有多少现金资产作为偿债保障
3. 企业的下列财务活动中，符合债权人目标的有（　　）。
　　A. 提高利润留存比率　　　　B. 降低资产负债率
　　C. 发行公司债券　　　　　　D. 非公开增发新股
4. 企业增加发行了新股，获得长期资金。这对企业的影响有（　　）。
　　A. 总资产增加　　　　　　　B. 资产负债率增加
　　C. 总负债增加　　　　　　　D. 股东权益增加
5. 下列各项指标中，反映短期偿债能力的指标有（　　）。
　　A. 流动比率　　　　　　　　B. 速动比率
　　C. 资产负债表　　　　　　　D. 权益净利率

多选题答案及解析

三、判断题

1. 权益乘数的高低取决于企业的资本结构。资产负债率越高，权益乘数越高，财务风险越大。（　　）
2. 利息保障倍数的重点是衡量企业支付利息的能力，由于应付利息属于流动负债，因此利息保障倍数属于反映企业短期偿债能力的指标。（　　）
3. 对债权人而言，企业的资产负债率越高越好。（　　）
4. 对任何企业而言，速动比率应该大于1才是正常的。（　　）
5. 流动比率越高，表明资产运用效果越好。（　　）

判断题答案及解析

四、案例分析题

ST 永泰成功摘帽

2023 年 4 月 28 日，永泰能源股份有限公司（以下简称 ST 永泰或永泰能源）公告，上海证券交易所同意撤销对公司股票实施其他风险警示的申请，公司股票 4 月 29 日停牌 1 天，4 月 30 日起复牌并撤销其他风险警示。撤销其他风险警示后，公司证券简称由"ST 永泰"变更为"永泰能源"。

ST 永泰是 A 股最大的民营综合能源企业。此前，公司于 2018 年开始深陷债务泥潭，2019 年资产负债率为 73.07%。2020 年 9 月 29 日，因被法院裁定受理重整，公司被实施退市风险警示，股票简称变更为"＊ST 永泰"。

通过执行重整计划，公司成功缓解了债务危机。2020 年年报显示，公司实现营业收入 221.44 亿元，同比增长 4.52%，其中归属于上市公司股东的净利润为 44.85 亿元，同比增长 3 099.33%；公司资产负债率为 56.35%，低于电力行业平均水平，与 2019 年相比，降幅为 22.88%。年报还显示，随着重整后债务偿还计划不断推进，公司负债规模还将进一步下降，财务结构将更加健康，对公司生产经营和未来发展将产生积极影响。公司公告还称，将积极探索储能、氢能等新业务，实现转型发展。

案例分析题答案及解析

结合上述案例，回答问题：
1. 请分析永泰能源公司被实施退市风险警示的主要原因。
2. 结合上述案例，分析偿债能力对企业运营的重要性。

知识点 3：营运能力分析

一、单选题

1. 下列有关营运能力分析的说法中，错误的是（　　）。
   A. 计算应收账款周转率指标时，应收账款应为未扣除坏账准备的金额
   B. 存货周转率指标反映了企业经营各环节的存货周转情况和管理水平
   C. 固定资产周转次数多，说明企业固定资产投资得当、结构合理、利用效率高
   D. 计算总资产周转率时分子分母在时间上应保持一致

2. 企业营运能力主要指企业营运资产的（　　）
   A. 结构与分布　　　　　　　　B. 效率与效益

C. 产出与耗费　　　　　　　D. 积累与分配

3. 不能加快总资产周转速度的因素是（　　）。
   A. 增加销售收入　　　　　　B. 提升资产利用效率
   C. 本年年末增加一笔银行贷款　D. 降低总资产周转率

4. 公司应收账款周转率的下降可能是其（　　）引起的。
   A. 放宽了信用政策
   B. 加快了收账速度
   C. 赊销收入增长的速度快于应收账款的增长速度
   D. 回收了以前期间大量的应收账款

单选题答案
及解析

二、多选题

1. 下列关于应收账款周转率指标的说法中，正确的有（　　）。
   A. 销售收入是指扣除销售折扣和折让后的销售净额
   B. 应收账款包括会计报表中的"应收账款"和"应收票据"等全部赊销账款
   C. 应收账款为扣除坏账准备的金额
   D. 应收账款周转率指标容易受季节性、偶然性等因素的影响

2. 在具体分析存货周转率时，应注意的问题包括（　　）。
   A. 存货周转率的高低与企业的经营特点有密切联系，应注意行业的可比性
   B. 存货周转率反映的是存货整体的周转情况，不能说明企业经营各环节的存货周转情况和管理水平
   C. 应结合应收账款周转情况和信用政策进行分析
   D. 存货周转次数越高越好

3. 反映营运能力的指标有（　　）。
   A. 应收账款周转率　　　　　B. 固定资产周转率
   C. 流动资产周转率　　　　　D. 存货周转率

4. 反映流动资产周转速度的指标有（　　）。
   A. 应收账款周转期　　　　　B. 生产设备产值率
   C. 总资产产值率　　　　　　D. 存货周转率

5. 下列等式中，正确的有（　　）。
   A. 应收账款周转期 =（应收账款平均余额×360）÷赊销收入净额
   B. 流动资产周转率 =（营业成本÷平均存货）×（平均存货÷流动资产平均余额）
   C. 总资产报酬率 =（营业收入÷流动资产平均余额）×（流动资产平均余额÷总资产平均余额）

多选题答案
及解析

D. 总资产周转次数 = 销售收入 ÷ 平均总资产

三、判断题

1. A 公司 2023 年度销售收入为 15 010 万元，资产负债表中显示，2023 年年末的应收账款为 2 000 万元、应收票据为 50 万元，2023 年年初的应收账款为 1 005 万元，应收票据为 65 万元。补充资料中显示，2023 年年初、年末坏账准备余额分别为 20 万元、30 万元。2023 年 A 公司的应收账款周转次数为 9.47 次。（　　）

2. 企业要想提高资产的营运能力，只需要改进生产工艺，提升产值率。（　　）

3. 企业只要提高营运能力，盈利能力就一定能够提升。（　　）

4. 应收账款周转期越长，表明周转速度越快。（　　）

判断题答案及解析

知识点 4：盈利能力分析

一、单选题

1. 下列对企业盈利能力指标的分析中，错误的是（　　）。
   A. 销售毛利率反映产品每一元销售收入所包含的毛利润是多少
   B. 销售净利率反映产品最终的盈利能力
   C. 销售净利率反映每一元销售收入最终赚取了多少利润
   D. 总资产净利率是杜邦财务指标体系的核心

2. 假定其他条件不变，下列各项经济业务中，会导致公司总资产净利率上升的是（　　）。
   A. 收回应收账款
   B. 用资本公积转增股本
   C. 用银行存款购入生产设备
   D. 用银行存款归还银行借款

3. 某企业 2022 年和 2023 年的销售净利率分别为 6% 和 7%，总资产周转率分别为 2 和 1.5，两年的资产负债率相同。与 2022 年相比，2023 年的净资产收益率变动趋势为（　　）。
   A. 上升　　　　　　　　B. 下降
   C. 不变　　　　　　　　D. 无法确定

4. 在下列财务绩效定量评价指标中，属于企业盈利能力基本指标的是（　　）。
   A. 营业利润增长率　　　B. 总资产报酬率
   C. 总资产周转率　　　　D. 资产负债率

5. 某公司的营业收入是100万元，营业毛利率是50%，税金及附加为零，销售费用为10万元，管理费用为10万元，财务费用为零，企业所得税税率为25%，则公司的营业净利率为（　　）。
   A. 22.5%   B. 30%
   C. 7.5%   D. 60%

单选题答案
及解析

二、多选题

1. 下列对企业盈利能力指标的分析中，错误的有（　　）。
   A. 销售毛利率反映产品每一元销售收入所包含的毛利润是多少
   B. 总资产净利率反映产品最终的盈利能力
   C. 销售净利率反映每一元销售收入最终赚取了多少利润
   D. 总资产净利率是杜邦财务指标体系的核心

2. 某公司无优先股，2023年实现净利润100万元，发行在外普通股加权平均数为100万股，年末每股市价为10元。该公司实行固定股利政策，2022年每股发放股利0.2元，净利润增长率为5%。下列说法中，正确的有（　　）。
   A. 2023年每股收益为1元
   B. 2023年每股股利为0.21元
   C. 2023年每股股利为0.2元
   D. 2023年年末公司市盈率为10

3. 提高销售净利率的途径主要包括（　　）。
   A. 扩大销售收入   B. 提高负债比率
   C. 降低成本费用   D. 提高成本费用

4. 与资金相关的获利能力指标有（　　）。
   A. 营业毛利率   B. 营业净利率
   C. 总资产报酬率   D. 净资产收益率

5. 总资产报酬率可由（　　）指标相乘得到。
   A. 净资产收益率   B. 权益乘数
   C. 营业净利率   D. 总资产周转率

多选题答案
及解析

三、判断题

1. 2023年，某公司实现净利润100万元，营业收入为1 000万元，平均股东权益总额为600万元，预计2024年净利润增长为5%。其他因素不变，则该公司2023年的净资产收益率为17.5%。（　　）

2. 企业所有者作为投资人，关心其资本的保值增值状况，因此较为重视企业的发展能力指标。（　　）

3. 净资产收益率反映了企业所有者投入资本的获利能力，说明

判断题答案
及解析

了企业筹资、投资、资产营运等各项财务及其管理活动的效率。

（　　）

4. 与资金有关的获利能力指标的分子都是息税前利润。（　　）

5. 某公司本期净利润为 100 万元，净资产收益率为 5%，上期净资产余额为 1 800 万元，则本期净资产增长率为 22.22%。（　　）

■ 知识点 5：发展能力分析

一、单选题

1. 某公司 2023 年年初所有者权益为 1.25 亿元，2023 年年末所有者权益为 1.5 亿元。该公司 2023 年的资本积累率是（　　）。

　　A. 16.67%　　　　　　　　B. 20.00%
　　C. 25.00%　　　　　　　　D. 120.00%

2. 某公司 2020 年营业收入为 5 000 万元，2023 年年末营业收入为 5 464 万元。该公司的营业收入平均增长率是（　　）。

　　A. 3%　　　　　　　　　　B. 5%
　　C. 8%　　　　　　　　　　D. 10%

单选题答案
及解析

二、多选题

1. 下列选项中，属于衡量企业发展能力的指标有（　　）。

　　A. 销售收入增长率　　　　B. 总资产增长率
　　C. 销售现金比率　　　　　D. 资本积累率

2. 下列选项中，属于反映企业发展能力的财务比率有（　　）。

　　A. 营业收入增长率　　　　B. 总资产增长率
　　C. 股东权益报酬率　　　　D. 销售毛利率

多选题答案
及解析

三、判断题

1. 销售收入增长率可以作为一个参考指标来反映企业的发展能力。（　　）

2. 企业发展能力关注的是企业与自身历史情况的对比。（　　）

3. 根据发展能力指标的计算公式可知，这些指标都是计算当期某项目数据相对上期该项目数据的增长比率。（　　）

判断题答案
及解析

四、案例分析题

车胎制造厂火灾事件——盲目追求经济利益背后的代价

某车胎制造厂为了追求经济效益，为实现 30% 的利润增长率，不断加大生产产量。虽然是夏天，气温高达 32℃，橡胶制品车间仍存放大量汽油，由于高温汽油大量挥发成气体，与空气混合飘浮在车间周围，车间门外还放置着4台火压硫化机。

某日，火压硫化机用的一台火炉向外喷火，工人没有及时发现，火苗使空气中的汽油燃烧，火焰迅速从门外引向车间，致使汽油桶爆炸燃烧，并使大量的原材料燃烧，蔓延成巨大火灾。大火持续近2个小时，车间毁于一旦，造成人员重大伤亡。

该事件究其原因，主要为以下几个方面：

（1）该厂不顾安全盲目扩大生产，高温下将大量汽油存放在车间里，致使汽油大量挥发与空气混合比达到了1.4%～2.8%（容积比，汽油空气温合容积比的爆炸极限为1.1%～5.4%），遇到明火后立即爆炸。这是事故发生的直接原因。

（2）严重违反防火安全规定。车间工房用油毡作顶棚，无安全通道，只有一个门，车间内存放大量的汽油、胶浆、帆布等易燃品，老式硫化机用的火炉放策于车间门口，明火无专人管理，火炉多次喷火都未采取措施。

（3）从领导到职工都安全意识薄弱，领导对明显的安全隐患视而不见，职工虽多次反映汽油味太大，也没有积极向领导争取。

结合上述案例，回答以下问题：

1. 该轮胎制造厂发生火灾的最根本原因是什么？
2. 企业如何实现可持续发展？

案例分析题
答案及解析

知识点6：杜邦分析法

一、单选题

1. 下列关于杜邦分析体系的说法中，不正确的是（　　）。
   A. 杜邦分析体系以净资产收益率为起点
   B. 总资产净利率和权益乘数是杜邦分析体系的基础
   C. 决定净资产收益率的主要因素是销售净利率、总资产周转率和权益乘数
   D. 要想提高销售净利率，只能降低成本费用

2. 某公司2022年的销售净利率为10%，总资产周转率为1.5次，资产负债率为40%，2023年的销售净利率为15%，总资产周转率为1.25次，资产负债率为50%。按上述顺序依次替换则总资产周转率对总资产净利率的影响为（　　）。
   A. -3.75%　　　　　　　B. -2.5%
   C. -1.5%　　　　　　　　D. -1%

3. 在杜邦财务分析体系中，核心指标是（　　）。

A. 净资产收益率　　　　　B. 总资产净利率
C. 总资产周转率　　　　　D. 销售净利率

4. 某企业 2022 年和 2023 年的销售净利率分别为 7% 和 8%，资产周转率分别为 2 和 1.5，两年的资产负债率相同。与 2022 年相比，2023 年的净资产收益率变动趋势为（　　）。

A. 上升　　　　　　　　　B. 下降
C. 不变　　　　　　　　　D. 无法确定

5. 下列关于杜邦财务分析体系的说法中，不正确的是（　　）。

A. 净资产收益率是一个综合性最强的财务比率
B. 以总资产净利率和权益乘数为基础
C. 考虑了财务风险因素
D. 净资产收益率是杜邦分析体系的起点

单选题答案及解析

二、多选题

1. 下列有关杜邦分析法的说法中，不正确的有（　　）。

A. 杜邦分析法以总资产收益率为起点
B. 杜邦分析法以总资产净利率和权益乘数为核心
C. 杜邦分析法重点揭示企业获利能力及权益乘数对净资产收益率的影响
D. 杜邦分析法中有关资产、负债和权益指标通常使用期末值计算

2. 下列有关杜邦分析法的说法中，正确的有（　　）。

A. 杜邦分析法以净资产收益率为核心，以资产净利率和权益乘数为起点
B. 杜邦分析法重点揭示企业盈利能力及权益乘数对净资产收益率的影响以及各相关指标间的相互影响作用关系
C. 净资产收益率是一个综合性最强的财务分析指标
D. 权益乘数越高，说明企业的负债程度越高

3. 下列关于杜邦分析体系的说法中，正确的有（　　）。

A. 该体系以净资产收益率为起点
B. 该体系以总资产净利率和权益乘数为基础
C. 净资产收益率是综合性最强的财务分析指标
D. 提高销售净利率的途径是扩大销售收入

4. 杜邦分析系统主要反映的财务比率关系有（　　）。

A. 净资产收益率与总资产报酬率及权益乘数之间的关系
B. 总资产报酬率与营业净利率及总资产周转率之间的关系
C. 营业净利率与净利润及营业收入之间的关系
D. 总资产周转率与营业收入及资产总额之间的关系

多选题答案及解析

5. 下列关于杜邦分析法的计算公式中，不正确的有（　　）。
   A. 总资产净利率＝销售净利率×总资产周转率
   B. 净资产收益率＝销售毛利率×总资产周转率×权益乘数
   C. 净资产收益率＝资产净利率×权益乘数
   D. 权益乘数＝资产÷股东权益＝1÷（1＋资产负债率）

三、判断题

1. 杜邦分析体系的核心是总资产报酬率。（　　）
2. 在杜邦分析体系中，通过对总资产周转率的分析，能够了解企业的资本结构是否合理和财务风险的大小。（　　）
3. 在企业的资本结构一定的情况下，提高总资产报酬率可以使净资产收益率增大。（　　）
4. 在杜邦财务分析体系中，总资产收益率是一个综合性最强的指标。（　　）
5. 某公司今年与上年相比，销售收入增长10%，净利润增长8%，平均资产总额增长12%，平均负债总额增长9%。可以判断，该公司净资产收益率比上年下降了。（　　）

判断题答案及解析

四、计算题

1. 某企业上年销售收入为6 900万元，总资产平均余额为2 760万元，流动资产平均余额为1 104万元；本年销售收入为7 938万元，总资产平均余额为2 940万元，流动资产平均余额为1 323万元。

   要求：
   （1）计算上年与本年的总资产周转率、流动资产周转率和资产结构（流动资产占总资产的百分比）。
   （2）运用差额分析法计算流动资产周转率与资产结构变动对总资产周转率的影响。

2. 某企业本年销售收入为1 000万元，销售净利率为20%。该企业的普通股股数为50万股，目前每股市价为25元。该企业计划下年每季度发放现金股利每股0.25元。该企业下年度资金预算需700万元，按资产负债率50%的比例筹资。

   要求：
   （1）计算每股收益。
   （2）计算市盈率。
   （3）计算公司下年尚需从外部筹措的权益资金为多少？

3. 甲公司是上市公司，2023年年末的股份总数为900万股（年初为600万股，6月1日资本公积转增股本300万股）。甲公司有关数据如下：

甲公司2023年年初的负债总额为1 500万元，股东权益总额是负债总额的2倍，年末所有者权益增加30%，2023年年末的资产负债率为40%。

2023年甲公司实现净利润900万元，企业所得税税率为25%。甲公司股东大会通过了2023年股利发放率为60%的分配方案。

要求：

（1）计算2023年的总资产净利率、净资产收益率、权益乘数（时点数均使用平均数计算）。

（2）已知2023年年末市盈率为13倍，计算甲公司2023年的基本每股收益、年末每股股价和每股股利。

4. 甲公司有关资料如下：

资料1：今年年初股东权益总额为1 200万元，年末股东权益总额为1 680万元。今年年初、年末的权益乘数分别是2.5、2.2。

资料2：今年利润总额为400万元，企业所得税为100万元，普通股现金股利总额为84万元，普通股的加权平均数为200万股。甲公司所有的普通股均发行在外，无优先股。

资料3：今年年末普通股股数为210万股，按照年末每股市价计算的市盈率为10。

资料4：甲公司上一年发行了面值总额为100万元的可转换公司债券（期限为5年），发行总额为120万元，每张债券面值为1 000元，转换比率为80（今年没有转股），债券利率为4%，企业所得税税率为25%。

资料5：今年的总资产周转率为1.5次，上一年的销售净利率为4%，总资产周转率为1.2次，权益乘数（按平均数计算）为2.5。

要求：

（1）假设不考虑可转换债券在负债成分和权益成分之间的分拆，债券票面利率等于实际利率，计算今年的稀释每股收益。

（2）计算今年的权益乘数（按平均数计算）。

（3）计算今年年初、年末的资产总额和负债总额。

（4）计算今年年末的每股净资产。

（5）计算今年的基本每股收益和每股股利。

（6）计算今年年末普通股每股市价。

（7）利用连环替代法和差额分析法分别分析销售净利率、总资产周转率和权益乘数的变动对权益净利率的影响。

计算题答案及解析

附录

附录表1　复利终值系数 (F/P, i, n) 表

期数	1%	2%	3%	4%	5%	6%	7%	8%	9%	10%	11%	12%	13%	14%	15%	16%	17%	18%	19%	20%
1	1.0100	1.0200	1.0300	1.0400	1.0500	1.0600	1.0700	1.0800	1.0900	1.1000	1.1100	1.1200	1.1300	1.1400	1.1500	1.1600	1.1700	1.1800	1.1900	1.2000
2	1.0201	1.0404	1.0609	1.0816	1.1025	1.1236	1.1449	1.1664	1.1881	1.2100	1.2321	1.2544	1.2769	1.2996	1.3225	1.3456	1.3689	1.3924	1.4161	1.4400
3	1.0303	1.0612	1.0927	1.1249	1.1576	1.1910	1.2250	1.2597	1.2950	1.3310	1.3676	1.4049	1.4429	1.4815	1.5209	1.5609	1.6016	1.6430	1.6852	1.7280
4	1.0406	1.0824	1.1255	1.1699	1.2155	1.2625	1.3108	1.3605	1.4116	1.4641	1.5181	1.5735	1.6305	1.6890	1.7490	1.8106	1.8739	1.9388	2.0053	2.0736
5	1.0510	1.1041	1.1593	1.2167	1.2763	1.3382	1.4026	1.4693	1.5386	1.6105	1.6851	1.7623	1.8424	1.9254	2.0114	2.1003	2.1924	2.2878	2.3864	2.4883
6	1.0615	1.1262	1.1941	127%	1.3401	1.4185	1.5007	1.5869	1.6771	1.7716	1.8704	1.9738	2.0820	2.1950	2.3131	2.4364	2.5652	2.6996	2.8398	2.9860
7	1.0721	1.1487	1.2299	1.3159	1.4071	1.5036	1.6058	1.7138	1.8280	1.9487	2.0762	2.2107	2.3526	2.5023	2.6600	2.8262	3.0012	3.1855	3.3793	3.5832
8	1.0829	1.1717	1.2668	1.3686	1.4775	1.5938	1.7182	1.8509	1.9926	2.1436	2.3045	2.4760	2.6584	2.8526	3.0590	3.2784	3.5115	3.7589	4.0214	4.2998
9	1.0937	1.1951	1.3048	1.4233	1.5513	1.6895	1.8385	1.9990	2.1719	2.3579	2.5580	2.7731	3.0040	3.2519	3.5179	3.8030	4.1084	4.4355	4.7854	5.1598
10	1.1046	1.2190	1.3439	1.4802	1.6289	1.7908	1.9672	2.1589	2.3674	2.5937	2.8394	3.1058	3.3946	3.7072	4.0456	4.4114	4.8068	5.2338	5.6947	6.1917
11	1.1157	1.2434	1.3842	1.5395	1.7103	1.8983	2.1049	2.3316	2.5804	2.8531	3.1518	3.4786	3.8359	4.2262	4.6524	5.1173	5.6240	6.1759	6.7767	7.4301
12	1.1268	1.2682	1.4258	1.6010	1.7959	2.0122	2.2522	2.5182	2.8127	3.1384	3.4985	3.8960	4.3345	4.8179	5.3503	5.9360	6.5801	7.2876	8.0642	8.9161
13	1.1381	1.2936	1.4685	1.6651	1.8856	2.1329	2.4098	2.7196	3.0658	3.4523	3.8833	4.3635	4.8980	5.4924	6.1528	6.8858	7.6987	8.5994	9.5964	10.6993
14	1.1495	1.3195	1.5126	1.7317	1.9799	2.2609	2.5785	2.9372	3.3417	3.7975	4.3104	4.8871	5.5348	6.2613	7.0757	7.9875	9.0075	10.1472	11.4198	12.8392
15	1.1610	1.3459	1.558	1.8009	2.0789	2.3966	2.7590	3.1722	3.6425	4.1772	4.7846	5.4736	6.2543	7.1379	8.1371	9.2655	10.5387	11.9737	13.5895	15.4070
16	1.1726	1.3728	1.6047	1.8730	2.1829	2.5404	2.9522	3.4259	3.9703	4.5950	5.3109	6.1304	7.0673	8.1372	9.3576	10.7480	12.3303	14.1290	16.1715	18.4884
17	1.1843	1.4002	1.6528	1.9479	2.2920	2.6928	3.1588	3.7000	4.3276	5.0545	5.8951	6.8660	7.9861	9.2765	10.7613	12.4677	14.4265	16.6722	19.2441	22.1861
18	1.1961	1.4282	1.7024	2.0258	2.4066	2.8543	3.3799	3.9960	4.7171	5.5599	6.5436	7.6900	9.0243	10.5752	12.3755	14.4625	16.8790	19.6733	22.9005	26.6233
19	1.2081	1.4568	1.7535	2.1068	2.5270	3.0256	3.6165	4.3157	5.1417	6.1159	7.2633	8.6128	10.1974	12.0557	14.2318	16.7765	19.7484	23.2144	27.2516	31.9480
20	1.2202	1.4859	1.8061	2.1911	2.6533	3.2071	3.8697	4.6610	5.6044	6.7275	8.0623	9.6463	11.5231	13.7435	16.3665	19.4608	23.1056	27.3930	32.4294	38.3376

附录表 2

复利现值系数 (P/F, i, n) 表

期数	1%	2%	3%	4%	5%	6%	7%	8%	9%	10%	11%	12%	13%	14%	15%	16%	17%	18%	19%	20%
1	0.9901	0.9804	0.9709	0.9615	0.9524	0.9434	0.9346	0.9259	0.9174	0.9091	0.9009	0.8929	0.8850	0.8772	0.8696	0.8621	0.8547	0.8475	0.8403	0.8333
2	0.9803	0.9612	0.9426	0.9246	0.9070	0.8900	0.8734	0.8573	0.8417	0.8264	0.8116	0.7972	0.7831	0.7695	0.7561	0.7432	0.7305	0.7182	0.7062	0.6944
3	0.9706	0.9423	0.9151	0.8890	0.8638	0.8396	0.8163	0.7938	0.7722	0.7513	0.7312	0.7118	0.6931	0.6750	0.6575	0.6407	0.6244	0.6086	0.5934	0.5787
4	0.9610	0.9238	0.8885	0.8548	0.8227	0.7921	0.7629	0.7350	0.7084	0.6830	0.6587	0.6355	0.6133	0.5921	0.5718	0.5523	0.5337	0.5158	0.4987	0.4823
5	0.9515	0.9057	0.8626	0.8219	0.7835	0.7473	0.7130	0.6806	0.6499	0.6209	0.5935	0.5674	0.5428	0.5194	0.4972	0.4761	0.4561	0.4371	0.4190	0.4019
6	0.9420	0.8880	0.8375	0.7903	0.7462	0.7050	0.6663	0.6302	0.5963	0.5645	0.5346	0.5066	0.4803	0.4556	0.4323	0.4104	0.3898	0.3704	0.3521	0.3349
7	0.9327	0.8706	0.8131	0.7599	0.7107	0.6651	0.6227	0.5835	0.5470	0.5132	0.4817	0.4523	0.4251	0.3996	0.3759	0.3538	0.3332	0.3139	0.2959	0.2791
8	0.9235	0.8535	0.7894	0.7307	0.6768	0.6274	0.5820	0.5403	0.5019	0.4665	0.4339	0.4039	0.3762	0.3506	0.3269	0.3050	0.2848	0.2660	0.2487	0.2326
9	0.9143	0.8368	0.7664	0.7026	0.6446	0.5919	0.5439	0.5002	0.4604	0.4241	0.3909	0.3606	0.3329	0.3075	0.2843	0.2630	0.2434	0.2255	0.2090	0.1938
10	0.9053	0.8203	0.7441	0.6756	0.6139	0.5584	0.5083	0.4632	0.4224	0.3855	0.3522	0.3220	0.2946	0.2697	0.2472	0.2267	0.2080	0.1911	0.1756	0.1615
11	0.8963	0.8043	0.7224	0.6496	0.5847	0.5268	0.4751	0.4289	0.3875	0.3505	0.3173	0.2875	0.2607	0.2366	0.2149	0.1954	0.1778	0.1619	0.1476	0.1346
12	0.8874	0.7885	0.7014	0.6246	0.5568	0.4970	0.4440	0.3971	0.3555	0.3186	0.2858	0.2567	0.2307	0.2076	0.1869	0.1685	0.1520	0.1372	0.1240	0.1122
13	0.8787	0.7730	0.6810	0.6006	0.5303	0.4688	0.4150	0.3677	0.3262	0.2897	0.2575	0.2292	0.2042	0.1821	0.1625	0.1452	0.1299	0.1163	0.1042	0.0935
14	0.8700	0.7579	0.6611	0.5775	0.5051	0.4423	0.3878	0.3405	0.2992	0.2633	0.2320	0.2046	0.1807	0.1597	0.1413	0.1252	0.1110	0.0985	0.0876	0.0779
15	0.8613	0.7430	0.6419	0.5553	0.4810	0.4173	0.3624	0.3152	0.2745	0.2394	0.2090	0.1827	0.1599	0.1401	0.1229	0.1079	0.0949	0.0835	0.0736	0.0649
16	0.8528	0.7284	0.6232	0.5339	0.4581	0.3936	0.3387	0.2919	0.2519	0.2176	0.1883	0.1631	0.1415	0.1229	0.1069	0.0930	0.0811	0.0708	0.0618	0.0541
17	0.8444	0.7142	0.6050	0.5134	0.4363	0.3714	0.3166	0.2703	0.2311	0.1978	0.1696	0.1456	0.1252	0.1078	0.0929	0.0802	0.0693	0.0600	0.0520	0.0451
18	0.8360	0.7002	0.5874	0.4936	0.4155	0.3503	0.2959	0.2502	0.2120	0.1799	0.1528	0.1300	0.1108	0.0946	0.0808	0.0691	0.0592	0.0508	0.0437	0.0376
19	0.8277	0.6864	0.5703	0.4746	0.3957	0.3305	0.2765	0.2317	0.1945	0.1635	0.1377	0.1161	0.0981	0.0829	0.0703	0.0596	0.0506	0.0431	0.0367	0.0313
20	0.8195	0.6730	0.5537	0.4564	0.3769	0.3118	0.2584	0.2145	0.1784	0.1486	0.1240	0.1037	0.0868	0.0728	0.0611	0.0514	0.0433	0.0365	0.0308	0.0261

附录表 3 年金终值系数 (F/A, i, n) 表

期数	1%	2%	3%	4%	5%	6%	7%	8%	9%	10%	11%	12%	13%	14%	15%	16%	17%	18%	19%	20%
1	1.0000	1.0000	1.0000	1.0000	1.0000	1.0000	1.0000	1.0000	1.0000	1.0000	1.0000	1.0000	1.0000	1.0000	1.0000	1.0000	1.0000	1.0000	1.0000	1.0000
2	2.0100	2.0200	2.0300	2.0400	2.0500	2.0600	2.0700	2.0800	2.0900	2.1000	2.1100	2.1200	2.1300	2.1400	2.1500	2.1600	2.1700	2.1800	2.1900	2.2000
3	3.0301	3.0604	3.0909	3.1216	3.1525	3.1836	3.2149	3.2464	3.2781	3.3100	3.3421	3.3744	3.4069	3.4396	3.4725	3.5056	3.5389	3.5724	3.6061	3.6400
4	4.0604	4.1216	4.1836	4.2465	4.3101	4.3746	4.4399	4.5061	4.5731	4.6410	4.7097	4.7793	4.8498	4.9211	4.9934	5.0665	5.1405	5.2154	5.2913	5.3680
5	5.1010	5.2040	5.3091	5.4163	5.5256	5.6371	5.7507	5.8666	5.9847	6.1051	6.2278	6.3528	6.4803	6.6101	6.7424	6.8771	7.0144	7.1542	7.2966	7.4416
6	6.1520	6.3081	6.4684	6.6330	6.8019	6.9753	7.1533	7.3359	7.5233	7.7156	7.9129	8.1152	8.3227	8.5355	8.7537	8.9775	9.2068	9.4420	9.6830	9.9299
7	7.2135	7.4343	7.6625	7.8983	8.1420	8.3938	8.6540	8.9228	9.2004	9.4872	9.7833	10.0890	10.4047	10.7305	11.0668	11.4139	11.7720	12.1415	12.5227	12.9159
8	8.2857	8.5830	8.8923	9.2142	9.5491	9.8975	10.2598	10.6366	11.0285	11.4359	11.8594	12.2997	12.7573	13.2328	13.7268	14.2401	14.7733	15.3270	15.9020	16.4991
9	9.3685	9.7546	10.1591	10.5828	11.0266	11.4913	11.9780	12.4876	13.0210	13.5795	14.1640	14.7757	15.4157	16.0853	16.7858	17.5185	18.2847	19.0859	19.9234	20.7989
10	10.4622	10.9497	11.4639	12.0061	12.5779	13.1808	13.8164	14.4866	15.1929	15.9374	16.7220	17.5487	18.4197	19.3373	20.3037	21.3215	22.3931	23.5213	24.7089	25.9587
11	11.5668	12.1687	12.8078	13.4864	14.2068	14.9716	15.7836	16.6455	17.5603	18.5312	19.5614	20.6546	21.8143	23.0445	24.3493	25.7329	27.1999	28.7551	30.4035	32.1504
12	12.6825	13.4121	14.1920	15.0258	15.9171	16.8699	17.8885	18.9771	20.1407	21.3843	22.7132	24.1331	25.6502	27.2707	29.0017	30.8502	32.8239	34.9311	37.1802	39.5805
13	13.8093	14.6803	15.6178	16.6268	17.7130	18.8821	20.1406	21.4953	22.9534	24.5227	26.2116	28.0291	29.9847	32.0887	34.3519	36.7862	39.4040	42.2187	45.2445	48.4966
14	14.9474	15.9739	17.0863	18.2919	19.5986	21.0151	22.5505	24.2149	26.0192	27.9750	30.0949	32.3926	34.8827	37.5811	40.5047	43.6720	47.1027	50.8180	54.8409	59.1959
15	16.0969	17.2934	18.5989	20.0236	21.5786	23.2760	25.1290	27.1521	29.3609	31.7725	34.4054	37.2797	40.4175	43.8424	47.5804	51.6595	56.1101	60.9653	66.2607	72.0351
16	17.2579	18.6393	20.1569	21.8245	23.6575	25.6725	27.8881	30.3243	33.0034	35.9497	39.1899	42.7533	46.6717	50.9804	55.7175	60.9250	66.6488	72.9390	79.8502	87.4421
17	18.4304	20.0121	21.7616	23.6975	25.8404	28.2129	30.8402	33.7502	36.9737	40.5447	44.5008	48.8837	53.7391	59.1176	65.0751	71.6730	78.9792	87.0680	96.0218	105.9306
18	19.6147	21.4123	23.4144	25.6454	28.1324	30.9057	33.9990	37.4502	41.3013	45.5992	50.3959	55.7497	61.7251	68.3941	75.8364	84.1407	93.4056	103.7403	115.2659	128.1167
19	20.8109	22.8406	25.1169	27.6712	30.5390	33.7600	37.3790	41.4463	46.0185	51.1591	56.9395	63.4397	70.7494	78.9692	88.2118	98.6032	110.2846	123.4135	138.1664	154.7400
20	22.0190	24.2974	26.8704	29.7781	33.0660	36.7856	40.9955	45.7620	51.1601	57.2750	64.2028	72.0524	80.9468	91.0249	102.4436	115.3797	130.0329	146.6280	165.4180	186.6880

附录表 4   年金现值系数表（P/A, i, n）

期数	1%	2%	3%	4%	5%	6%	7%	8%	9%	10%	11%	12%	13%	14%	15%	16%	17%	18%	19%	20%
1	0.9901	0.9804	0.9709	0.9615	0.9524	0.9434	0.9346	0.9259	0.9174	0.9091	0.9009	0.8929	0.8850	0.8772	0.8696	0.8621	0.8547	0.8475	0.8403	0.8333
2	1.9704	1.9416	1.9135	1.8861	1.8594	1.8334	1.8080	1.7833	1.7591	1.7355	1.7125	1.6901	1.6681	1.6467	1.6257	1.6052	1.5852	1.5656	1.5465	1.5278
3	2.9410	2.8839	2.8286	2.7751	2.7232	2.6730	2.6243	2.5771	2.5313	2.4869	2.4437	2.4018	2.3612	2.3216	2.2832	2.2459	2.2096	2.1743	2.1399	2.1065
4	3.9020	3.8077	3.7171	3.6299	3.5460	3.4651	3.3872	3.3121	3.2397	3.1699	3.1024	3.0373	2.9745	2.9137	2.8550	2.7982	2.7432	2.6901	2.6386	2.5887
5	4.8534	4.7135	4.5797	4.4518	4.3295	4.2124	4.1002	3.9927	3.8897	3.7908	3.6959	3.6048	3.5172	3.4331	3.3522	3.2743	3.1993	3.1272	3.0576	2.9906
6	5.7955	5.6014	5.4172	5.2421	5.0757	4.9173	4.7665	4.6229	4.4859	4.3553	4.2305	4.1114	3.9975	3.8887	3.7845	3.6847	3.5892	3.4976	3.4098	3.3255
7	6.7282	6.4720	6.2303	6.0021	5.7864	5.5824	5.3893	5.2064	5.0330	4.8684	4.7122	4.5638	4.4226	4.2883	4.1604	4.0386	3.9224	3.8115	3.7057	3.6046
8	7.6517	7.3255	7.0197	6.7327	6.4632	6.2098	5.9713	5.7466	5.5348	5.3349	5.1461	4.9676	4.7988	4.6389	4.4873	4.3436	4.2072	4.0776	3.9544	3.8372
9	8.5660	8.1622	7.7861	7.4353	7.1078	6.8017	6.5152	6.2469	5.9952	5.7590	5.5370	5.3282	5.1317	4.9464	4.7716	4.6065	4.4506	4.3030	4.1633	4.0310
10	9.4713	8.9826	8.5302	8.1109	7.7217	7.3601	7.0236	6.7101	6.4177	6.1446	5.8892	5.6502	5.4262	5.2161	5.0188	4.8332	4.6586	4.4941	4.3389	4.1925
11	10.3676	9.7868	9.2526	8.7605	8.3064	7.8869	7.4987	7.1390	6.8052	6.4951	6.2065	5.9377	5.6869	5.4527	5.2337	5.0286	4.8364	4.6560	4.4865	4.3271
12	11.2551	10.5753	9.9540	9.3851	8.8633	8.3838	7.9427	7.5361	7.1607	6.8137	6.4924	6.1944	5.9176	5.6603	5.4206	5.1971	4.9884	4.7932	4.6105	4.4392
13	12.1337	11.3484	10.6350	9.9856	9.3936	8.8527	8.3577	7.9038	7.4869	7.1034	6.7499	6.4235	6.1218	5.8424	5.5831	5.3423	5.1183	4.9095	4.7147	4.5327
14	13.0037	12.1062	11.2961	10.5631	9.8986	9.2950	8.7455	8.2442	7.7862	7.3667	6.9819	6.6282	6.3025	6.0021	5.7245	5.4675	5.2293	5.0081	4.8023	4.6106
15	13.8651	12.8493	11.9379	11.1184	10.3797	9.7122	9.1079	8.5595	8.0607	7.6061	7.1909	6.8109	6.4624	6.1422	5.8474	5.5755	5.3242	5.0916	4.8759	4.6755
16	14.7179	13.5777	12.5611	11.6523	10.8378	10.1059	9.4466	8.8514	8.3126	7.8237	7.3792	6.9740	6.6039	6.2651	5.9542	5.6685	5.4053	5.1624	4.9377	4.7296
17	15.5623	14.2919	13.1661	12.1657	11.2741	10.4773	9.7632	9.1216	8.5436	8.0216	7.5488	7.1196	6.7291	6.3729	6.0472	5.7487	5.4746	5.2223	4.9897	4.7746
18	16.3983	14.9920	13.7535	12.6593	11.6896	10.8276	10.0591	9.3719	8.7556	8.2014	7.7016	7.2497	6.8399	6.4674	6.1280	5.8178	5.5339	5.2732	5.0333	4.8122
19	17.2260	15.6785	14.3238	13.1339	12.0853	11.1581	10.3356	9.6036	8.9501	8.3649	7.8393	7.3658	6.9380	6.5504	6.1982	5.8775	5.5845	5.3162	5.0700	4.8435
20	18.0456	16.3514	14.8775	13.5903	12.4622	11.4699	10.5940	9.8181	9.1285	8.5136	7.9633	7.4694	7.0248	6.6231	6.2593	5.9288	5.6278	5.3527	5.1009	4.8696